苏州有东吴大学，
阅年已二十有六，
　成材遍中外，
　驰誉满东南，
　人固尽知之。

DONGWU LIUZHI

東吳六誌

徐允修 著
楊旭輝 整理標注

蘇州大學出版社
Soochow University Press

图书在版编目(CIP)数据

东吴六志／(清)徐允修著；杨旭辉整理标注. —苏州：苏州大学出版社,2020.10
ISBN 978-7-5672-3332-4

Ⅰ.①东… Ⅱ.①徐… ②杨… Ⅲ.①东吴大学－校史 Ⅳ.①G649.285.33

中国版本图书馆 CIP 数据核字(2020)第 180792 号

东吴六志

著　　者：	徐允修
整理标注：	杨旭辉
责任编辑：	孙佳颖
封面设计：	吴　钰
封面插画：	吴鸿钊
出版发行：	苏州大学出版社(Soochow University Press)
社　　址：	苏州市十梓街 1 号　邮编:215006
排　　版：	镇江文苑制版印刷有限责任公司
印　　刷：	苏州市越洋印刷有限公司
网　　址：	www.sudapress.com
邮购热线：	0512-67480030
销售热线：	0512-67481020
开　　本：	850 mm×1 168 mm　1/32
印　　张：	7
字　　数：	100 千
版　　次：	2020 年 10 月第 1 版
印　　次：	2020 年 10 月第 1 次印刷
书　　号：	ISBN 978-7-5672-3332-4
定　　价：	68.00 元

发现印装错误，请与本社联系调换。服务热线：0512-67481020

《东吴六志》，苏州大学档案馆藏

徐允修先生肖像,图录自《1922年东吴年刊》

标注前言

从 19 世纪末到 21 世纪的今天，经过一百多年的孕育发展，中国的高等教育已经取得了突飞猛进的进步和辉煌的成绩。自晚清以来，在欧风美雨的洗礼下，深受列强凌辱的中国开启了现代高等教育的探索征程。诞生在苏州的东吴大学不仅见证了中国现代大学建设的筚路蓝缕，也不时地引领着 20 世纪前半叶中国现代高等教育发展的潮流。在这里诞生了许多中国现代大学教育的"第一"和"最早"。东吴大学是我国最早建立现代大学制度的高校之一，是最早开展研究生教育的大学，最早的硕士学位获得者、最早的大学学报《学桴》（《东吴月报》）、最早的大学文学社团刊物《雁来红》、中国第一部现代百科全书《普通百科新大辞典》、第一部具文学史意义与规模的巨著《中国文学史》等属全国首创的新鲜事物，无不诞生于此。

十数年前，笔者在整理点校中国第一部中国文学史论著——黄人《中国文学史》时，曾在苏州大学档案馆翻检过徐允修所撰《东吴六志》，对书中所记载早期东吴大学在教学、研究诸多方面取得的成绩，印象深刻。2020年，在苏州大学迎接双甲子校庆之际，又得机缘，详阅这部近百年前的小书。书虽小，然其意义非凡。1926年《东吴六志》甫问世，东吴大学国文教授薛灌英在序言中就说，从晚清开始，许多新式学校如雨后春笋般涌现，"国中学校如林矣"，但始终以没有一部"胪陈始末之载记"的"学校过去史"为憾。薛氏所谓"学校过去史"，采用"以事别者"，详载学校"自始创而赓续相延之历史"，即是今日通行的校史。徐允修所撰《东吴六志》正弥补了这一缺憾，在当时就被视为前无古人的工作。就笔者目前不完全的调查，《东吴六志》是目前所知中国现存最早的一部大学校史，这岂不是东吴大学在中国现代高等教育史上的又一个首创？

本书著者徐允修，江苏吴县（今苏州）人，晚清增贡生，是东吴大学早期年资最深的教职员之一，"凡历博习、中西、东吴三易名，以迄于今"（薛灌英《东吴六志·序言》）。早在1897年，徐允修应东吴大学的前身博习书院之聘，任国文课教师。东吴大学创立后，他还担任学校的中文秘书，此后三十年，一直没有离开东吴大学。徐允修来校前的东吴大学前史,"先生亲闻之"诸位耆硕故老;莅校后,"先生更身在局中,无役不与",所以他对早期东吴大学校史"知之綦详且确"。在学校的工作之余,徐允修先生"回想前尘",将"记忆所及,与较有兴味者录存",写成《东吴六志》。全书分六章,分别记载了学校的起源、设备、成绩、师资、生徒、琐言(按:指杂记)。因而,《东吴六志》对于考镜东吴大学最初的发展历程,理解创校之初现代教育思想的形成以及现代大学教育制度的建设,都有着非常重要的意义,也是最一手的原始文献。

在苏州大学120周年校庆来临之际,笔者将这部尘封多年的小书整理点校,并参考苏州大学档案馆所藏东吴大学档案和图片资料,与《东吴六志》的相关记载相印证,且对《东吴六志》进行适当的注释和补充。

在整理标注《东吴六志》过程中,笔者对东吴大学在中国近现代高等教育史上的意义之认识愈益深切,并将《东吴六志》中所述内容归纳为"放眼世界,顺应潮流,中西融合,融会贯通,博雅淹通,务实创新"数语,姑称之为"东吴经验"。具体说来,有以下四点认识,足堪为继承东吴学术传统的龟鉴。

一、在中西文化交融的教育实践中，顺应世界潮流，学习西学之同时，重视中华固有之文化，以期"相互考证，免除隔膜"

审视东吴大学之发展前史以及大学堂之创办，其背景是近代中国积贫积弱、列强入侵的时局，更是在中西文化碰撞交融的大势下。孙乐文初来苏州时，也是抱着"望我华人同应世界潮流，恒以灌输西学为职志"的目的，"仿西国学校之意旨"，创办中西书院的（《志起源》）。东吴大学自成立起，一直秉承延续着中西书院中西并举的教学思路。与早年的一些教会学校相比，"孙校长设学，所最注重者，我国之国学"，"先生设学，首重国文"（《志师资》），这在东吴大学的课程设置中就能清晰地感受得到。在孙乐文的支持下，中国第一部具有文学史意义与规模的著作《中国文学史》由黄人撰著，诞生于东吴大学。孙乐文校长曾对中国学生说："中国学生当首取祖国固有之国粹，发挥之、光大之，不应专习西文，置国本于不顾。"对校中教职员、学生或是社会各界人士，只要"语及求学一事"，必谆谆谓之曰："地球面上无论何国欲图自强，其间重要关系，全在精究本国之学术，从未见有放弃本国学术，而其国得以兴盛者。今我以西学相饷，不过欲中国青年于本国学术外，得有互相考证之可能，免除中外隔膜

而已。事有本末，功有体用，能勿误认，庶乎近之。"（《志师资》）

孙乐文校长"相互考证，免除隔膜"的观念，比之晚清以来，中国学术思想界一直争论不休的"中西体用"问题，确实要通达许多。中西文化之间只有在相互了解、相互沟通的情况下，才能够相互促进，共同推进人类文明的发展。正是在这种自由会通的学术氛围中，国文教习黄人在讲授中国文学史课程时，就向学生介绍比较文学这一学科，并运用比较文学的观点、方法来研究中国文学，当之无愧成为这一学科在中国发展的先行者。

晚清时期在维新运动的旗号下，国人对西方文化中"自由""平等"之说，"时有误会"，"以致乖谬叠出"，孙乐文校长"因是慭焉伤之"，时常教导学生进行辨析，在"训练上严加矫正"，并严厉地说道："此种谬说，西国所无。""学生在校时不能服从师长，将来出校后，必不能服从法律。操教育权者，当纳学生于真自由、真平等之域，随时指示，俾获遵循。吾人须负全责也。"对于中国传统文化、传统节日，孙乐文表现出了极大的重视和尊重。在东吴大学的假日安排中，每年除了"暑假约六礼拜，年假约四礼拜"，也安排"端午、中秋两大节各假三天"。对于苏州本地文化，东吴大学的主事者也表现出极大的兴趣。

1920年学校设立了吴语科，系统地从事吴语及吴文化的教学和研究，《1922年东吴年刊》在总结吴语科的成绩的时候，曾讲道："本年的另一个特色就是李先生（按：吴语科教师）有机会观察苏州当地人的各种活动。学生们以这种方式参访、考察了苏州的重要地方，所获得的资料既有趣又有价值。"① 如何立足中国文化、立足吴地，结合地方科学、文化、经济的发展，积极推进教学和研究的深入发展，即便在今天也是我们面临的一个重要课题。

二、"全人教育""高尚教育"教育理念的全面实施

东吴大学肇造之时，就把《圣经》中的"Unto a full grown man"这句话作为校训，强调对学生人格、素养的全方位培育，实现为社会造就"full grown man"的教育理想。1927年，杨永清当选为第一位华人校长，把"养天地正气，法古今完人"作为中文校训，与英文校训相呼应。虽然东吴大学是一所教会大学，但在学生人格的塑造上，绝非如世俗所想象的那样，采用生硬的道德宣教，而是"其管理

---

① 原文为英文，此为笔者所译。原文曰："Another feature of the year has been the opportunity given by Mr. Lea to observe various Chinese activities in this community. In this manner the student body has made visits to places of importance in Soochow, and the information gained has been both interesting and valuable."

东吴大学第一位华人校长杨永清题写的校训

学务,一主宽仁"(嵇绍周《东吴大学校监院孙公传》)。校规中明确说:"本学堂以君子待人,设规极简,务望诸生亦以君子自待,勿负本学堂厚意。"(《志成绩》)孙乐文时常对学生"自述宗趣"说:"吾待学生皆君子人,令其自别善恶,俾将来能自治、自立脱范。以许多规则,适使之成一机器而已,吾不忍为也。学生中即有不自爱惜、甘冒不韪者,必屏人婉教之,养其廉耻,即速其悔改。"(嵇绍周《东吴大学校监院孙公传》)以致后来东吴大学毕业生将此总结为"高尚教育"和"模范教育"。[①] 在这种"全人教育""高尚教育"理念的指引下,早期东吴大学的教学活动,不仅仅局限于科学文化知识的传授,更对教师、学生的道德品行、科学精神、身体素质、审美能力以及演说辩论等诸方面的能力尤为重视。《东吴六志》在《志成绩》这一部分中对学生在体育、辩论、音乐诸方面所取得的成绩记录尤为详细,无须赘述。何以取得如此辉煌的成绩?这

[①] 这是东吴大学第三届毕业生杨惠庆在纪念孙乐文先生去世三周年的演讲中所总结的,其中有曰:"先生之遗爱,谓先生有四大教育主义。一曰高尚教育。先生之诲人不倦,不特使学生有学问上之进步,并能养成学生高尚之德性。……四曰模范教育。从前在校时,所听受之各项功课,至今日已强半遗忘,惟先生平日之教授精神,历久常在心目中。以先生事事皆整躬饬物,示之模范,是故望之俨然,即之蔼然,一想象而音容如在。以此信先生人格上之影响,其入人为至深也。"

都有赖于东吴大学早已将这些视为涵养学生人格、发扬学校精神的主要途径。试以艺术教育为例,略做说明。所谓"陶情淑性,莫善于音乐"(《志成绩》),故而音乐教育、艺术熏陶在东吴大学的人才培养中意义非凡。其中不乏学生自发成立的民族弦乐社团(诸如景僾会等),更有"为学校所规定,与体育之兵操并重"的军乐队(《志成绩》)。校方如此重视,其目的是为"发扬本校之精神者也"(《1922年东吴年刊》)。此外,还有在中国大学戏剧社团中实属元老级别的东吴剧社,一直把戏剧的"意义与价值"定位在"表现人生"的艺术,以期"对于社会亦略有贡

东吴剧社,图录自《1922年东吴年刊》

献",也成为学校化育学生的重要舞台(《1922年东吴年刊》东吴剧社介绍)。这正是中国古代礼乐教化传统之继承与发扬,"吟哦讽咏,浸润优悠……孰谓其无益于世道也哉?"(元·刘壎《隐居通议》卷六)

更有值得大书一笔的是,东吴大学的青年会,"联合同志,各以学问、道德相砥砺",以"救世之旨"创办了惠寒小学(《志成绩》)。《东吴六志》虽未记载,但核之于《1922年东吴年刊》等档案,可以考知其详。1910年,青年会在望星桥堍的一间小屋中创办了"嘉惠寒畯"的惠寒小学,历经"艰难辛苦,缔造经营",东吴学生中"愿牺牲一己而于教育事业上具热心者",积极充当惠寒小学的"义务教员",到1922年的时候,惠寒小学的学生已达72人之多。

三、通识教育的初步探索和实践

《1918年东吴英文年刊》上有一张东吴大学附属第二中学学生的兵操图,背景中礼堂门楣上挂着"学重淹通"的匾,这自然可以视为东吴系学校(从中学到大学)人才培养和课程设置方面的重要理念。自北洋政府"壬戌学制"颁布之后,东吴大学严格按照规定,实行了学分制。"学生毕业须修毕一百三十八学分,而其总平均成绩须在三·五或三・五以上。此一百三十八学分分配如下：（一）普通必修课：四十六学分；（二）主科：二十四学分（至少数）；（三）副科：十四学分（至少数）；（四）文理科必修课（见第十一页《课程支配概略章》）；（五）选修课。此项规定已于民国十六年秋季起实行。"① 在其课程设置中，明确提出了"主科"和"副科"相对应的学分要求。这就是东吴大学积极探索的"主科-副科"（即今天之"主修-辅修"）制度，通过这一制度的实施来积极推行通识教育。在学籍规定中，还专门列有《主科-副科之规定》，其中就讲道："为避免学生选课时无所适从起见，设有主科、副科两种。主科为一充分发展之科目，而副科亦须与主科有直接关系，俾所学得臻融会贯通之境。主科至少须有二十四学分，副科至少须有十四学分。二年级学生当由教务长或该课主任之指导，于秋季入学时选定。"学生在完成本专业所列的必须修习的"主科"之外，还必须按规定完成一定数量的"副科"，比如：中国文学专业的学生"得以任何文科学程为副科"，教育科的学生"得以文理科任何学程为副科"，生物学和化学的学生"得以他种理科学程或

---

① 《1928年私立东吴大学文理学院一览》之《毕业所需学分总数及学分之支配》。

算学为副科"。① 这种追求学生"臻融会贯通之境"的通识教育理念，在此后历年的《私立东吴大学文理学院一览》及学程规范中都得到了很好的延续。时至 21 世纪的今天，通识教育依然是高等教育改革的热点和难点，百年前东吴大学的一些做法，对今天的大学教学改革或许会有些参考

---

① 《1928 年私立东吴大学文理学院一览》之《主科-副科之规定》。

位于上海的东吴大学附属第二中学,图录自《1918年东吴英文年刊》

和借鉴的意义吧。

四、审时度势的务实精神和与时俱进的创新精神

单就《东吴六志》所记载的史实来看,东吴大学肇造之时的主事者极具审时度势的务实精神和与时俱进的创新精神,这应是东吴校史遗产和学术传统中最可宝贵,也最

值得传承的。在东吴大学创立之前,来华传教的林乐知、孙乐文等人皆"望我华人同应世界潮流,恒以灌输西学为职志",欲"仿西国学校之意旨",创办"西法学校"。但考虑到当时的中国国情,实乃"尚在旧教育时代",创办的所有学校都"不曰学堂、学校",而是以当时中国人更易接受的"书院名之"。随着教会学校在中国办学规模和影响的扩大,以及旧式科举考试的逐渐式微,热衷于教育事业的诸位先生,"知华人之风气已开,设学时机已到,遂开始为筹备大学之运动焉"。就在筹备创立东吴大学的过程中,皆选派"林乐知先生、柏乐文先生等旅华较久、熟悉华事者,会同酌办",他们并没有急于求成,而是根据中国的实际情况,"不敢鲁莽,先于我国社会、官厅各方面屡加探讨,迨至已有把握,即拟就计划书,先商之于学属部(即今校董部),再商之于差会"(《志起源》),最后确定方针。在东吴大学办起来之后,以孙乐文为首的东吴主事者也是审时度势,循序渐进地推进着学校的发展。"校中规程,历年多有修改,屡经修改"(《志成绩》),逐步完善,最终建立起较为合理的现代大学制度和教学体系,在当时的中国实属领先,一时群彦辈出,成就了20世纪上半叶中国教育史上的奇迹。

本文开头提及的多个诞生于东吴大学的中国现代大学

教育"第一"和"最早",正是一代代东吴人在审时度势和务实求真中实现的创新和创造。"俱往矣,数风流人物,还看今朝!"经历120周年双甲子的岁月洗礼,今天的每一位苏大人(新时代的东吴人),应该继续发扬东吴精神,与时俱进,创造出更多属于我们这个时代的"第一"和"最早"。毕竟一百多年来,菁菁校园中,一直回荡着这样的旋律和歌声:"东吴东吴,人中鸾凤,世界同推重。山负海涵,春华秋实,声教暨寰中。"

薛灌英先生肖像,图录自《1922年东吴年刊》

序　言

　　夫历史性质之著述，无论其范围为若何局部的，要其用在鉴往知来，俾读之者知木始萌于根荄，水渐积于涓滴，循叶布枝、分之递进，求千回百折之经过。此掌故学之足重也。顾欲于人物、文化觇其果，必于实业、教育求其因。闲尝览前人传记，英雄、列女、耆旧、高僧，大抵以人分者多，而以事别者鲜。梁任公谓：京师同仁堂之积年流水账，加以研究，亦成瑰宝。是特设想之词，吾未见有此作。意者企图实业，诚有其当秘不示人者。而教育与实业殊科，则一学校之经营、与其间前后、如何由简而巨、由浑而划，倘取公开，与人相见，有如映若干幕学校活动影片，计必为人所争先快睹也无疑。晚清至今日，国中学校如林矣。孰不有其自始创而赓续相延之历史？苦未得一胪陈始末之载记而读之。虽当局者岁必刊布详简规程，暨某校学则、某校一览，学生亦编订年鉴、同学录等。而前者为行政依

编辑说明：序言和正文均遵从民国十五年（1926）出版的《东吴六志》原文，其中涉及少数字、词的错误用法（与现今用法相悖），均尊重原文，不做修改。

据之法规，后者为纪念保留之出版，均不得为学校过去史，亦一憾也。苏州有东吴大学，阅年已二十有六，成材遍中外，驰誉满东南，人固尽知之。而人所不尽知之者，盖东吴尤有前此不啻二十六年之历史焉。徐允修先生担任教授国文，凡历博习、中西、东吴三易名，以迄于今，屈指三十余年矣。三十年前事，先生亲闻之。三十年来事，先生更身在局中，无役不与，故知之綦详且确。乃者先生回想前尘，公余涉笔，尽成一帙，体分六章。虽其自谓仅取记忆所及与较有兴味者录存，而得此小册子，已足考镜东吴过去历史而有余。而予且以己度人，盖予亦追随先生后，滥竽此间二十年，当时事迹，既过辄付相忘。兹读此稿竟，而流连想象，凡我所曾经历，顿觉味美于回。人之有情，不甚相远。以是知此编必尤见重于曾教学于东吴之师生。不宁唯是，先生长君，今夏方大学毕业，精象寄学①，倘从事移译，刊成西文本，则又如映若干幕东吴活动影片于西人士眼中，弥足珍已。

中华民国十五年（西历一九二六年）八月，天长薛灌英②撰。

---

① 象寄学：指翻译学。《礼记·王制》："五方之民，言语不通，嗜欲不同。达其志，通其欲，东方曰寄，南方曰象，西方曰狄鞮，北方曰译。"后称翻译为"象寄译鞮"。

② 薛灌英，字韦馥，安徽天长人，晚清增贡生，在东吴大学教授中国文学。

目 录

第一编： 志起源 / 1

第二编： 志设备 / 41

第三编： 志成绩 / 75

第四编： 志师资 / 123

第五编： 志生徒 / 165

第六编： 志琐言 / 177

第一编：志起源

第一编：志起源

在清季未兴学校以前，基督教监理会已设博习书院于苏城之葑溪。在博习书院未曾成立以前，先设存养书院于葑西之十全街，即今侨绅李氏住宅旧址。盖当前清同治十年（西历一千八百七十一年），曹子实先生①于此首创存养书院，偕西教士潘慎文先生②主持一切。曹即寓居院内，潘则另赁附近石皮弄内唐馨如家余屋为住宅。此系监理公会设学苏城之破天荒，亦即苏城设学之破天荒。将来若论地方设学之序，监理会当属元勋。惜是时基督教初至苏城，又属内地人民心理对于"教会"二字都不明了，咸抱一种疑惧感想，非极贫困家子弟，不肯入院就学。所以，八年之间，始初不过七八人，渐至十余人，极多时亦只二十余人，毫无成绩可言。及觅得天赐庄地亩（按：1亩约为666.7平方米），自加建筑，改办博习书院，此处即由长老会西教士海士给价永租，建造西式房屋，继续设

---

① 曹子实（1848—1902），浙江嘉兴秀水人，幼即父母双亡。后被美国基督教监理公会传教士蓝柏（James Willam Lambuth）夫妇收养，于1859年随蓝柏夫人到美国，受洗入教，取英文名Charley Marshall（查理·马歇尔）。在美国系统接受西式教育。1889年返回上海，并于次年被派往苏州传教。曹子实在苏州葑门十全街石皮弄租屋传教，同时创办学校，1871年创办存养书院。

② 潘慎文，美国传教士A. P. Parker的中文名字。1875年11月来华抵沪。1876年，来苏州协助曹子实襄理学务，开始招收膳宿生，首批学生5人。后一直参与东吴大学的创办和建设工作。

3

苏州大学校内曹子实先生塑像

学。① 迨海教士迁往木杏桥后，此处又由杭宦姚姓承买，今侨绅李氏则向姚氏所买者。水源木本，我校当局，不可不知也。

在此旧教育时代，只有书院，并无学校，故存养、博习，以及后继之苏、沪两中西，皆以书院名之。惟存养事属草创，规模未备，而博习则房屋既经专建，宿舍、饭堂、课室等等，亦皆各有部署，比较上可称述焉。查博习书院创于前清光绪五年（西历一千八百七十九年），校址在今本校大门内煤屑直路，迤西至葑门之公弄为止，北沿天赐庄街，迤南过横砖路，近炮台为止，约地六七亩。校门北向，约距沿街围墙三四米突，横列七楼七底，后面约距十米突，又列七楼七底，东、西两端，联以长厢，中空大天井，适成四面转楼。讲堂、课堂、饭堂、会客室、藏书室、寄宿室都在其内。循此而西，有平屋两间，楼屋两幢，为格致课②试验及机匠之机器室。再西有南向西式楼房一座，为监

---

① 据《1918年东吴英文年刊》中东吴大学的"Important Dates"条记载："1874—Zung Yang School opened on Zeh Zien Ka, Soochow. 1879—Zung Yang School moved to Tien Sze Tsang and named Buffington Institute."（译文：1874年，存养书院在苏州十全街开办。1879年，存养书院搬至天赐庄，改名为博习书院。）存养书院的开办时间与徐允修记载有出入，依徐说，存养书院开办八年后搬至天赐庄，是则《年刊》1874当误。

② 格致课，即物理课。1900年以前，我国把西方物理学翻译成"格致学"或"格物学"，如：1879年林乐知将罗斯古编写的物理书翻译成中文，并命名为《格致启蒙》，其中第二卷为格物学。

东吴大学紧临葑门城墙,图录自《1922年东吴年刊》

东吴大学校园周边的葑溪,图录自《1922年东吴年刊》

院（即今之校长）住宅。西南角有圆形小楼一幢，为天文台，内置望远镜，习天文学课者，于此实测天象也。南靠围墙则为厨房，又与转楼后排之饭堂相联络。大门外对街有半西式楼房三幢，为管学堂（即今之校监）住宅。余于前清光绪二十三年（西历一千八百九十七年）秋季学期到院，任国文课。时学生七十余人，分高、中、小三班，仍循旧例，以"四书""五经"为主课，另附圣道、算术、万国史记、地理与浅近格致等课。监院潘慎文先生，系算学专家，故算术一项，尤为注重，然皆用译本教授，并无英文课也。

东吴大学校园一角，图录自《1922年东吴年刊》

附近女学之设置，较博习略后。校址在博习书院东南隅，距离百余米突，中隔海岛式之污池，宛如海上三神山①，可望不可接焉。所建校舍与博习相仿，略小而已。监院住宅，即今本校大门内偏东第二宅，故在本校建筑中，此宅当为最古。初办时，并无景海②之名，学生数目只及博习之半，诚以风气未开，两校中男、女学生自行束修③。以上者实为寥寥，大多数由各地宣道师劝勉而来，与宗教有关系者。故今日办理教会事业之老前辈，多系此等学校出身。可见，社会上无论何种团体，必先培植人才，自有食报④之一日。凡留心公众事业者，不可不先生从此着手也。

---

① 海上三神山：古代中国传说中东海上仙人所居住的三座仙山：方壶（方丈）、瀛壶（瀛洲）、蓬壶（蓬莱）。《史记·秦始皇本纪》："齐人徐市等上书，言海中有三神山，名曰蓬莱、方丈、瀛洲，仙人居之。"此处言景色优美似神仙境界。

② 景海：美国基督教监理公会于清光绪二十八年（1902）在苏州天赐庄创办的景海女塾。民国六年（1917），改为景海女子师范学校。海淑德（Laura Askew Haygood）是美国基督教监理会派往中国的第一位女传教士，曾于1892年在上海创办中西女塾，后有意在苏州再办一所女子学校。在她去世两年后，苏州女校建成，为纪念海淑德对中国教育所做的贡献，学校取景仰海淑德之意，命名为"景海"。1903年在景海女塾新落成的红楼，其门楣上就用英文写道，"The Laura Haygood Memorial"。景海女校培养出杨荫榆、王季玉、吴贻芳、赵萝蕤、赵寄石等著名女性学者。

③ 自行束修：自我约束修养。《晋书·夏侯湛传》："惟我兄弟姐妹，束修慎行，用不辱于冠带。"康有为《大同书》己部第二章："若后汉之俗，束修激厉，志士相望，亦近于化行俗美矣。"

④ 食报：受报答或受报应。《明史·徐达·常遇春传·赞》："顾中山赏延后裔，世叨荣宠，而开平天不假年，子孙亦复衰替。贵匹勋齐，而食报或爽，其故何也？"

第一编：志起源

苏州大学校内景海女子师范学校旧址红楼（建于1903年）

我国自甲午中日一役后，人心始稍稍觉悟。操觚之士，已知科举之学之不足恃，惟官迷不醒，不肯决然舍去。间或有目光远到、思欲研究西国学术者，奈无西法学校，辄又引以为恨。时美国来华宣道之孙乐文先生①，驻苏城宫巷为宣道师，既抱基督救世之心，尤望我华人同应世界潮流，恒以灌输西学为职志。适有人以西学导师期望于先生，先

---

① 孙乐文（1850—1911），David L. Anderson 的中文名字，美国南卡罗来纳州人，毕业于弗吉尼亚州华盛顿学院。1895年在苏州宫巷开办中西书院。1901年至1911年任东吴大学校长。

孙乐文先生肖像,图录自《1918年东吴英文年刊》

生当仁不让，辄毅然以兴学自任，遂就宫巷余屋，仿西国学校之意旨，试办中西书院（仍未有学校名称也），课以英文、算学，时在前清光绪二十一年（西历一千八百九十五年）①。十一月十八日，为开校授课之第一日。学生定二十五名，开校即满其额。先生自任教员，别延李伯莲先生②管理校务。次年，学生增至四十人，旋以学生递加课程，添设先生，又分任其夫人与侄女、公子担承授课。至光绪二十三年（西历一千八百九十七年）秋季学期，已有学生一百九人。先生知华人之风气已开，设学时机已到，遂开始为筹备大学之运动焉。

在宫巷设学同时，博习书院亦有同样之改进，别定名曰英文馆。其馆址在今景海校场中间靠河、捉狗桥未曾迁移之东塊。新建楼房五幢，饮食、课、宿皆在其内。学生有杨俊生、李君盘等二十余人。今同学会中，此等学生并无一人加入，故是馆之名无人闻问。当时所订功课，只英

---

① 据《1918年东吴英文年刊》中东吴大学的"Important Dates"条记载："1895—Beginning of Anglo-Chinese School at Kung Hong, Soochow, by D. L. Anderson."（译文：1895年，孙乐文先生在苏州宫巷开办中西书院。）

② 李伯莲，李政道的伯祖父，李仲覃之兄。1887年毕业于博习书院，是博习书院的首届毕业生。毕业后留校任教，教授国学、数学、初等自然科学以及基督学教义。后追随孙乐文，担任宫巷中西书院的校务管理与数学教习等。1900年，孙乐文创建东吴大学，聘李伯莲为提调（proctor），负责学校的日常管理。1932年去世。

文、算学两项。文乃史先生①教英文，沈觉初先生教算学。学生缴膳金外，兼付学费。其开办宗旨，亦以试探华人对于西国学术之向背如何，与宫巷中西书院同一用意也。

前清光绪二十三年（西历一千八百九十七年），博习书院监院韩明德先生解职，文乃史先生继任。次年年会时，商榷本公会教育事宜，咸以是校创立已久，历来学生之能卒业、为社会效力者寥寥无几，实因学生既系各处宣道师所挈引而来。其聪颖有志者，固或有造就之望；若秉资愚鲁、无志求学者，率皆半途而去。故二十年来，成绩平平，不如暂行停办，别图发展。因议决：即在年底结束停办，选性质优良、有志求学之三十人，并入上海中西书院，仍照博习旧章，不课英文，优免学膳各费。然以沪院本中、西文并课，而各生转学后，相形见绌多。于每日课程完毕后，私取英文各课，自行研究，居然有志竟成，至毕业出校，英文程度亦颇不后于人。其先后在社会上得重要地位者，如徐可升、陈继善、周楚申、孙闻远、金志仁等，尤

---

① 文乃史（1868—1964），Walter B. Nance 的中文名字，出生于美国田纳西州，1893 年毕业于范德比尔特大学，获文学学士学位。1896 年来中国从事教育工作。1896 年后在博习书院任教。后又参与东吴大学的创办，在东吴大学教授英语、哲学等与西学有关的课程，是首届校董成员。1922 年获范德比尔特大学神学博士学位，并当选为东吴大学校长，1927 年辞职，1950 年回美国。著有 *Soochow University*（《东吴大学》）一书。

第一编：志起源

文乃史先生肖像，图录自《1922年东吴年刊》

为各界所推重，即此三十人选也。当时教职员之随往者，监院文乃史外，尚有三人，余亦预焉。

上海中西书院［即今第二中学旧址。中间于宣统三年（西历一千九百十一年）将中西归并东吴后，停闭三年，旋经恢复，改为今名］之成立，在前清光绪十年（西历一千八百八十四年），系林乐知先生①所手创。先在法租界八仙桥、美租界虹口开设两备校，经三易寒暑之筹画，始购得昆山路之地亩，集资建筑，不曰学堂、学校，而曰书院，亦犹存养、博习之名称，尚在旧教育时代也。校舍虽不多，校场确甚广，南沿昆山路，西沿乍浦路，东北两边均沿内街。如此一大方，除西北角略缺零星房屋两三家以外，全属校场。课余散步及从事各种运动，极为宽舒。今则沧桑屡变，靠西空地，都已建筑，抑且鳞次栉比，无复隙地可寻矣。

博习归并中西，在前清光绪二十五年（西历一千八百

---

① 林乐知（1836—1907），Young J. Allen 的中文名字，出生于美国佐治亚州伯克郡，1858 年毕业于埃默里大学。1860 年来华，从苏州人王韬治汉学，后任《上海新报》编辑。同治三年（1864），经苏州人冯桂芬介绍，任上海广方言馆首任英文教习，后参加江南制造局翻译馆译书工作，任英文教习。1868 年 9 月在上海创办《教会新报》（后改名为《万国公报》）。1882 年创办上海中西书院，1900 年筹建东吴大学并任董事长，是东吴大学创始人之一。林乐知创办大学的这一设想形成于 1880 年。据《1918 年东吴英文年刊》中东吴大学的 "Important Dates" 条记载："1880—Dr. Y. J. Allen planned an 'Anglo-Chinese University' at Shanghai and opened two schools which soon became Anglo-Chinese College."（译文：1880 年，林乐知先生计划在上海创办一所中西大学，同时开办两所中西书院。）

第一编：志起源

九十九年)①，时中西已办十五年，成绩斐然。监院一席，已易潘慎文先生矣。潘有得意门生史君拜言，延为总理校务，并授算术。教会所办学校，中、西文并重，自始即标明此旨。故是时教授西文各课者，有潘慎文夫妇、文乃史、刘乐义、曹锡庚、谢鸿赉诸先生；教授中文各课者，有徐楚亭、徐少范、金伯陶、石云汀诸先生，而余亦追随其后。② 十里洋场，车声轰动，终夜不宁。余初到时，夜不能成寐，殊感困苦，略久则渐渐习惯，不觉其苦矣。"少成若天性，习惯成自然"，诚经验之语也。

---

① 苏州博习书院于1899年并入上海中西书院，亦见载于据《1918年东吴英文年刊》中东吴大学的"Important Dates"条："1899—Buffington Institute transferred to Shanghai."（译文：1899年，博习书院搬至上海。）

② 夏丏尊《我的中学时代》："……中西书院（即东吴大学的前身）入学比较容易些，我于是就进中西书院。那时生活程度还很低，可是学费却并不便宜，中西书院每半年记得要缴费四十八元。家中境况已甚拮据，我的第一次半年的学费还是母亲把首饰变卖了给我的。我与同伴到了上海，由大哥送我入中西书院。那时我年十七。中西书院分为初等科三年、高等科三年，此外还有特科若干年。我当然进初等科，那时功课不限定年级，是依学生的程度定的。英文是甲班的，算学如果有些根底就可入乙班，国文好的可以入丙班。我英文初读，入甲班，最初读的是《华英初阶》；算学乙班，读《笔算数学》；国文，甲班；其余各科也参差不齐，记不清楚了。各种学科中，最被人看不起的是国文，上课与否可以随便，最注重的是英文。时间表很简单，每日上午全读英文，下午第一时板定是算学，其余各科则配搭在数学以后。监院（即校长）是美国人潘慎文，教习有史拜言、谢鸿赉等。同学一百多人，大多数是包车接送的富者之子，间有贫寒子弟，则系基督教徒，受有教会补助，读书不用花钱的。我的同学中有很多现今知名之士。记得名律师丁榕、经济大家马寅初，都是我的先辈的同学。"

前清光绪二十五年（西历一千八百九十九年），美国在华宣教团商所以推广教育事业，欲在苏城设一大学，先办文科、医科、圣道科，为监理会最高学府。惟事关重大，应先征询当地官绅意见，始可确定方针。因于是年冬，假葑门外苏关公署，柬请合城官长及绅、商、学各巨公设筵，会议公推美国驻沪领事古纳君①为主席，中外一堂，主宾欢洽，李提摩太②、林乐知两公将此计划详细演说，合座赞同，并许尽力襄助。由是，备就捐册，分头募集。③ 首由本省抚、藩、臬三宪④允为提倡，继之即苏州府、三首县及苏城、南浔、上海、常熟、无锡各绅商，均次第捐输。逾年，

---

① 古纳君，时任美国驻上海总领事 John Goodnow（中文译名：古德纳）。

② 李提摩太（1845—1919），英国浸信会传教士 Timothy Richard 的中文名字，字菩岳。1870 年 12 月抵达上海，随后去山东等地传教。1886 年，李提摩太到北京，发表《七国新学备要》，向中国人介绍西方各国的教育情况，建议清政府每年拿出 100 万两白银作为教育改革的经费。他先后结交了李鸿章、张之洞、曾国荃、曾纪泽、左宗棠、康有为、梁启超、孙中山等，以西方文化吸引知识分子和社会上层人士，对近代中国的维新运动有很大影响。

③ 《1918 年东吴英文年刊》中东吴大学的 "Important Dates" 条记载："1899—Board of Trustees for a University at Soochow elected."（译文：1899 年，东吴大学董事会选举产生。）

④ 抚、藩、臬三宪：分别指江苏巡抚（抚台）、江苏布政使（藩台）、江苏按察使（臬台）三位地方大员，当时江苏三府设在苏州。明清时期的巡抚是负责巡视本省的军政、民政大臣；布政使主要掌管全省的财政；按察使则主管全省范围内的刑法之事。

苏州大学校内林乐知先生塑像

美国欧尔林城①年会时,经侨华回美之盖、惠两监督②先后演讲,又集成巨款汇华,结果收到实数捐自美国者,统计银币七万五千元;③ 捐自中国者,本省抚、藩、臬及本府、三县,合共六千三百元,南浔各绅士三千元,上海各绅士二千七百三十二元,本城各绅士一千八百又八元,常熟各绅士一千二百五十元,无锡各绅士八百八十元,统计银币一万五千九百七十元。信乎!众擎者易举。育才兴学,可见中外有同情焉。

---

① 美国欧尔林城:当时对美国新奥尔良市(New Orleans)的音译。
② 惠督:美国教会当时在中国的主教威尔逊(A. W. Wilson),中文亦称为惠督。
③ 《1918年东吴英文年刊》中东吴大学的"Important Dates"条记载:"1901—850,000 [Gold] subscribed at New Orleans(U.S.A.). Charter granted by State of Tennessee(U.S.A.).Classes organized and work started." (译文:1901年,在美国新奥尔良筹款85万元,在美国田纳西州获得办学许可证,开始组织班级和教学。)

第一编：志起源

【杨旭辉按】 关于东吴大学成立的前后经过与历史，《1910年东吴大学英文年刊》记载甚详，可与这段文字参考，摘录其中有关文字（并附中文译文）如下：

HISTORY

The missionaries of the Methodist Episcopal Church, South in China met in Soochow in the fall of 1899, Dr. W. R. Lambuth, Secretary of the Board of Missions being present. After thoroughly discussing the educational outlook it was decided to unite all the higher educational work of the mission in Soochow, and there build up a University with Literary, Theological and Medical Departments, other departments to be added as deemed expedient.

The next step was to lay the plan before the gentry of Soochow, as their approval and help was necessary to full success. During the winter a conference attended by a large number of the officials and gentry of Soochow met in the Municipal Hall outside the city. The meeting was presided over by Mr. John Goodnow, Consul General for the United States at Shanghai, and addresses were made by Dr.

Timothy Richard and Dr. Y. J. Allen. Considerable enthusiasm was manifested, and the purpose to establish a university was heartily welcomed by the gentlemen present, many of them promising to help forward the scheme.

Immediately after this meeting subscription books were opened and a liberal response came from Soochow, Nanzing, Shanghai, Changshu and Wusih. The total amount thus subscribed aggregated about $20,000 Mex.

Effort was now made to secure the necessary land. A large vacant plot, partly public land, adjoining property already owned by the mission near the Fu Gate of the city, seemed most suitable for the projected university. Upon invitation Consul General Goodnow again visited Soochow and had an interview with the Governor of the province, Lu Chuan Lin. Mr. Goodnow's statements were favorably received, and the Yüan Ho district magistrate was instructed by the Governor to secure the land for the university. With this backing there was but little difficulty buying a good tract of land which, joined to that already held, made about nine acres.

On May 12th, 1900, the plan for the university was

brought before the Board of Missions, then in session at Nashville, Tenn. The plan received their hearty approval and the following resolutions were passed:

1. That this Board of Missions elect a Board of Trustees to whom shall be committed the care and oversight of our whole school work in China, and especially of the proposed university in Soochow.

2. That Bishop A. W. Wilson, Young J. Allen, D. L. Anderson, A. P. Parker. W. H. Park, W. B. Burke, W. B. Nance and J. W. Cline shall constitute the said Board of Trustees, together with Bishop C. B. Galloway, J. D. Hammond, J. Atkins and J. H. Kirkland, who shall act in conjunction with the Board in the field in advancing the interests of our educational work in China. That the Bishop having charge of the China Mission shall be ex-officio a member of the Board of Trustees.

3. That the Secretaries of this Board of Missions be, and they are hereby instructed to secure as soon as possible, a Charter under the laws of the State of Tennessee, incorporating the institution in Soochow and conferring upon the above named Trustees all the powers usually held by Boards

of Trustees of our home colleges.

C. B. GALLOWAY, Chairman.,
A. J. LAMAR, A. W. WILSON,
JAMES O. BRANCH, JOHN W. MCLEAN.

The year 1900 saw the Boxer uprising, and the troubles in North China hindered progress. But while nothing could be done in China, the plans for the projected university were enthusiastically received in the United States, and during this Boxer year money was freely contributed to build up a university for China's benefit in Soochow. But it was at the General Missionary Conference held at New Orleans, April 24th, 1901 that the enthusiasm reached its height.

During the Conference Sessions the Soochow University scheme was made prominent. On Sunday evening a brief address on the proposed university was given by Bishop Wilson, who had just arrived from China. He was followed by Bishop Galloway in an eloquent setting forth of "Lessons from Master Missionaries." A spontaneous and unsolicited offering was actually thrust upon the speaker for the Soochow University. The subscriptions of that one evening amounted to $50,150 gold.

The liberal amounts contributed both in the United States and in China made it possible to proceed at once to the erection of the first building of the University, and on December 12th, 1901 the contract was signed.

On March 8th, 1901, the school was opened in the old buildings of the Buffington Institute, with three American professors and three Chinese. The name, Soochow University, expresses the purpose of the institution to give a broad, thorough education, in contrast to the narrow curriculum that has prevailed so long in China, and to develop into a modern university with graduate and post-graduate courses. In 1901, however, this higher class work was impossible in China from lack of students of sufficient training in the new learning to undertake it. Hence the first work to be done was below college grade; students had to be prepared for college entrance. Not only post-graduate but also college work was in the future, and could only be reached by building up from the ground.

The Main Building was partly occupied in the spring of 1903 but it was not fully completed till January 1905. In 1907 suitable dormitory buildings were erected, capable of accommodating two hundred and eighteen students.

In Feb.1908 the first graduate from the College Department received his diploma with the degree of Bachelor of Arts.

【译文】

历　史

1899年秋天，中国南方卫理公会的传教士们与传教士委员会秘书长蓝华德博士在苏州会面，经过对教育的深入讨论后，决定整合教会在苏州的所有教育机构，在此基础上建立一所包含文学系、神学系和医学系的大学，其他科系则视合宜而增设。

接下来的工作就是要把计划展现给苏州本地的士绅，项目的成功必须取得他们的同意与支持。在冬天，大批苏州官员和士绅在城外的苏关公署参加了一个会议，会议由美国驻上海总领事约翰·古德纳先生主持，李提摩太博士和Y.J.艾伦博士（按：即林乐知）也作了发言。与会者热情很高，他们衷心欢迎建立一所大学，其中很多人还表示会积极推动这个计划的实施。

会议一结束，捐款就在苏州、南京、上海、常熟和无锡等地展开了，大家慷慨解囊，共捐得两万墨西哥鹰洋。

接下来就需要努力取得办学校所必要的土地。苏州葑门附近有一块大的空地，有一部分是公共土地，而与之相连的一部分已经归教会所有。这是非常适合争取来作为筹建大学的用地的。古德纳总领事再次受邀访问苏州，和江苏巡抚鹿传霖会谈。古德纳先生的发言受到了欢迎，江苏巡抚指示元和县地方官，确保土地归大学使用。有了地方政府的支持，（筹建人员）很快就买下了一块大约9英亩（按：1英亩大约为4 047平方米）土地，且与教会已有的土地相连接。

1900年5月12日，创办大学的计划提交给了教会，随后在美国田纳西州纳什维尔市召开的会议上，该计划被接受，并通过了以下决议：

1. 本教会将选出一个董事会，负责照顾和监督教会在华的教育工作，特别是在苏州拟建的大学。

2. 威尔逊主教、Y. J. Allen（中文名：林乐知），D. L. Anderson（中文名：孙乐文）、A. P. Parker（中文名：潘慎文）、W. H. Park（中文名：柏乐文）、W. B. Burke（中文名：步威廉）、W. B. Nance（中文名：文乃史）和 J. W. Cline（中文名：葛赉恩）以及高乐威、哈蒙德、阿特金斯和科尔克兰德等组成董事会,成为教会在中国发展教育事业的桥梁。此外,负责中国传教的主教也是董事会的当然成员。

3. 本会秘书应根据田纳西州的法律,并结合苏州的制度规定,尽快起草一份章程,在苏州设立该机构,并授予上述受托人、本校董事会拥有和美国国内大学董事会一样的权力。

主席:高乐威

拉马

威尔森

詹姆士·布兰奇

约翰·麦柯莱恩

1900年,义和团运动造成了中国北方的困难。虽然教会在中国暂时无所可为,但计划在中国开办大学在美国受到了热烈响应。在义和团运动期间,美国人民纷纷解囊捐资,要在苏州建立一所为中国造福的大学。人们的这种热情,在1901年4月24日新奥尔良市举行的总传教士大会上达到了顶峰。

在会议上,建立东吴大学的计划是最令人瞩目的。星期天晚上,刚从中国回来的威尔逊主教作了简短的演讲,紧接其后,高乐威以他雄辩的口才作了题为"传教士的经验"的演讲。关于建立东吴大学的演讲,有力地推动了一场自发的捐款活动,当晚的捐款就达到了 50 150 美元。

这种自发的捐款在美国和中国同时出现了,大家的慷慨捐助使得我们能够即刻修建大学的第一座大楼。1901 年 12 月 12 日,合同正式签署。

1901 年 3 月 8 日,学校在博习书院的旧建筑中开学了,当时只有三个美国教授和三个中国教授。东吴大学的名字就表达了学校的宗旨,与中国长期以来盛行的狭隘课程形成鲜明对比,提供的是一个广阔而全面、深入的教育,并希望发展成为一所拥有本科和研究生课程的现代大学。然而,在 1901 年的中国,开设比较高等的课程是根本不可能的,因为缺乏接受过新式教育的学生去接受它。因此,大学首要的工作便是开设低于大学的课程,为学生进入大学学习做准备。不仅是研究生教育,即便是大学教育,都是未来的事情,一切只能从基础做起。

1903 年春天,主楼已经被部分的使用,直到 1905 年 1 月它才全部竣工。1907 年,建成了适宜的宿舍楼,可以容纳 218 名学生。

1908 年 2 月,大学部的第一位毕业生获得了文学学士学位。

校园景色，图录自《1910年东吴大学英文年刊》

前清光绪二十七年（西历一千九百又一年），即将博习书院略加修葺，先行试办。旧遗学舍，下层平屋以作礼堂、膳室、办事室之用，上层专供学生寄宿。移课堂于旧时监院住宅内，因陋就简，权宜一时。由校董部推派孙乐文先生为监院①（当时新教育尚在萌芽，仍袭书院例，名监院云），文乃史先生为西文教习，所有英文、算学、西史等

---

① 《1918年东吴英文年刊》中东吴大学的"Important Dates"条记载："1900—Dr. D. L. Anderson elected president of Soochow University."（译文：1900年，孙乐文博士当选为东吴大学校长。）

课，归两先生教授。国文各课，则黄摩西①先生与余两人分任。而校中杂务，由李提调伯莲先生任之。（此等职务英文为Proctor，照字义翻译，中文有提调之称。盖即旧制乡闱大比与学使案临②，均有提调，以办理外务也。）

在"东吴"二字未曾实现之前，先有政学书院之传言。是时接近当局之人，无不知之。据谓："政学"二字之意，大概以此校之设，专为我国造就政治人才，以备国家效用。继以二字之义，嫌落边际，且书院二字，究竟名不副实。就地理上着想，因正名曰东吴大学堂。盖东吴系三国孙氏称王之地，以有孙字关系，故即定此名称云。

本校成立之原动力，只孙乐文先生一人。先生初来华

---

① 黄摩西，即东吴大学首任中文教习黄人。黄人（1866—1913），原名黄振元，字慕庵，一作慕韩，中年以后改名黄人，字摩西，别署蛮、野蛮、野黄、梦闇、诗虎。江苏昭文（今常熟）浒浦问村人。三十岁时，应友人之约，寓居苏州，结交吴中名流吴梅、金松岑、吴湖帆、范烟桥等。光绪二十六年（1900），与庞树松、树柏兄弟在苏州组织"三千剑气文社"（1909年南社在苏州虎丘成立，黄人旋偕所有成员并入），以文会友，评说时事，并创办了苏州历史上最早的报纸《独立报》，后终因"借明讽清，语多警辟""言词犯上"而于次年被苏州知府彦秀封禁。光绪二十七年（1901）农历二月，东吴大学正式成立开学，聘黄人任国学教习（教授），直至辞世。

② 乡闱：古代科举时代的乡试或举行乡试的考场。黄宗羲《明夷待访录·取士下》："明年会试，经、子、史科，亦依乡闱分年。礼部尚书知贡举。"大比：明清时期乡试一般三年举行一次，称大比。学使：通常称"学政"，清代派往各省负责检查监督各省科举考试和教育工作的官员，一般任期三年。案临：莅临考察工作。蒲松龄《聊斋志异·阎罗宴》："无何，学使案临，苦无资斧，薄贷而往。"

苏州大学校内原东吴大学校门

时,见我华人多具优秀之资,惟乏陶铸之术。政府不良,暂无兴学之望,不得不借箸而筹,以尽友邦之谊。惟觉时机未到,不敢鲁莽,先于我国社会、官厅各方面屡加探讨,迨至已有把握,即拟就计划书,先商之于学属部(即今校董部),再商之于差会①,继由差会函嘱林乐知先生、柏乐

---

① 差会:基督新教派遣传教士在外进行传教活动的组织,产生于十七世纪初。第二次鸦片战争后,清政府与列强签订的不平等条约中允许传教士在内地自由传教,差会在中国的势力逐渐增强,其中以美国北长老会、英国浸礼会和美国南监理会的势力最大。

文先生①等旅华较久、熟悉华事者,会同酌办。时人谓孙乐文、林乐知、柏乐文三人之名,均有乐字,孟子谓"得天下英才而教育之,三乐也"②,此三人者,真欲实现孟子"三乐"之旨矣!时林先生办《万国公报》③,柏先生掌博习医院④,二公声望夙著。惟林先生对于本省绅士、官厅,素无往还,而柏先生行医,在苏声誉日隆,且苏州尤系省城,绅宦、官厅,以及各界人士,多所信仰,故本国捐款,大半由先生募集而来,其功尤不可没焉。

---

① 柏乐文(1858—1927),W. H. Park 的中文名字,美国监理公会传教医生。清光绪八年(1882)到苏州,参与筹建苏州监理公会办的博习医院(今苏州大学附属第一医院的前身),次年建成并开院应诊。曾助孙乐文等筹办东吴大学。

② 语出《孟子·尽心章句上》。

③ 《万国公报》:原名《教会新报》(*Church News*),林乐知于1868年9月5日在上海创刊,起初为宗教性质刊物。1874年9月5日,第301期时改名为《万国公报》(*Globe Magazine*),仍为周刊,报刊内容开始演变为非宗教性质。中间曾一度停刊,1887年广学会成立,将其作为机关报,仍由林乐知主编,于1889年复刊,英文名改为 *The Review of the Times*,改为月刊,至1907年停办。《万国公报》是当时在中国发行最久、影响最大的杂志之一,时人称为"西学新知之总荟"。1899年2月,《万国公报》还最早把马克思以及他的《资本论》介绍到中国来。

④ 博习医院:今苏州大学附属第一医院的前身。1882年,美国南方监理会派遣医疗传教士柏乐文、蓝华德到苏州,他们用教会和地方士绅捐款的一万美元,在天赐庄购地7亩,建设医院。1883年11月8日,Soochow Hospital 正式开业,为纪念早在1877年捐款给监理会兴办苏州医疗事业的 Buffington 先生,医院的中文名定为"苏州博习医院"。柏乐文任博习医院的首任院长。

附录
黄慕庵先生所撰《重集经费启》

今日之中国,非闭关、垂堂①之中国,而兀立于民族竞争、世界旋中涡之中国也。竞争机力,人才为重;制造人才,则在教育;教育工场,则在学堂。是虽陈人竖士②,皆能翕然喙③之矣。树木畜艾,尚需岁时,至欲晋蒙正而臻庞哲,养私德以溉大群,言之岂易易?饥而谋耕,寒而课绩,亦常不及之势焉。夫中国非无人才也。黠者触卢骚④显埋之电于脑部,狂易而走险;朴者锢于科第之夙耆,槀项不返,要其锐意,若循种竺,念佯刻楮,亦五洲所仅见,豫章之枉削也,锦段之错制也,岂才之罪哉?绳墨之,黼黻之,自裕于揩夏补衮之用。故遵教育之恒阶,则蒙学、小学、中学、寻常高等,不可凌躐,而非所限于中国也。假法坏

---
① 垂堂:靠近屋檐下坐,因檐瓦坠落很可能伤人,故以此比喻处于危险的境地。语出《汉书·爰盎晁错传》:"臣闻千金之子不垂堂,百金之子不骑衡。"颜师古注:"垂堂,谓坐堂外边,恐坠堕也。"
② 陈人:陈腐的人。竖士:见识浅陋的人。
③ 喙(huì):原意是鸟的嘴巴,这里指用嘴论说。
④ 卢骚:法国著名思想家哲学家卢梭的旧译名。

古而周恤者，正用之即弱毅昧昭矣。挛绁①于章句程序之中，而舞蹈自如者，易地亦百科之隽矣。则先设大学堂为彀实，与中国之现势、种性最适。惟是设学堂难，大学堂尤难。法式或可广思择善而定也，师资亦可选于众、资于异地也，而经费之巨，乍闻者色沮。它勿论，一仪器、一标本，直且逾万。欧美之称大学堂者，经费辄兼陶、猗②数家之畜，甚简亦需三四十万，非是，则出不雠内③，而实不雠名。美国监理会之创设此东吴大学堂也，有曲徙④之虑焉，有缨被⑤之概焉。中国才隽之悦学者既如彼，其庶热心于教育者又如此，其明了而勇于议、怯于赴，岂重殖己，轻造士欤？得毋因首事者为千万里外之旅人，而尔疆彼界⑥之见未泯欤？某等则诚旅人也，虽习居生爱，谊若一家，

---

① 挛（luán）：手脚蜷缩，不能伸开。绁（xiè）：被绳索捆绑住。
② 陶、猗：中国古代富有之人的代表，即陶朱公（范蠡）、猗顿。
③ 出不雠内：即入不敷出之意。雠：相应、相当。内：通假字，同"纳"，收入。
④ 曲徙：把烟囱改建成弯曲的，把灶旁的柴草搬走，比喻事先采取措施，才能防止灾祸。典出《汉书·霍光传》："臣闻客有过主人者，见其灶直突，傍有积薪。客谓主人，更为曲突，远徙其薪，不者且有火患，主人默然不应。俄而家果失火，邻里共救之，幸而得息。"
⑤ 缨被：来不及将头发束好，来不及将帽带系上，形容急于去救助别人。语出《孟子·离娄章句下》："今有同室之人斗者，救之，虽被发缨冠而救之，可也。"
⑥ 尔疆彼界：彼此之间的界限。语出朱熹《朱子语类·中庸》："致广大，谓心胸开阔，无此疆彼界之殊。"

而浮岛过云，去来何定？宫墙之美，为禹甸①光，非美利加之水土也。生徒济济皆黄农胄，无一皋加索族子弟也。某等不过代垦之工，治庖之祝，摄事之吏耳。主权自在，畴得攘之。然则人才者，中国之人才；学堂者，中国之学堂也。种族之丰殖，社会之改良，国家之再造，一惟中国人。食此学堂之报，收此学堂之果也。矧中国地大物博，高门上流，时作豪举，有振殍掩骼以市义②者，有庄严龙象以徼福者，有金粟易簪绂③以光门阀者，靡不发箧解囊之恐后。权以大学堂，其德施幸福光荣，当有什伯倍蓰于是三物者。养樲棘而舍梧槚④，亮诸君子明达之识，断不出此。某等所以昧畛封⑤之异，而不惮为再三之渎也。

---

① 禹甸：本谓禹所垦辟之地，后泛指中国之地为禹甸。语出《诗·小雅·信南山》："信彼南山，维禹甸之。畇畇原隰，曾孙田之。我疆我理，南东其亩。"

② 振殍掩骼：赈济饥饿的灾民，掩埋暴露的尸骨。殍（piǎo）：饿死的人。市义：邀买人心博取正义的名声。典出《战国策·齐策四》："孟尝君顾谓冯谖：'先生所为文市义者，乃今日见之。'"

③ 金粟：钱财和粮谷。《商君书·去强》："国好生金于境内，则金粟两死，仓府两虚，国弱；国好生粟于境内，则金粟两生，仓府两实，国强。"簪绂：冠簪缨带，指古代官员服饰，这里用来比喻显贵，仕宦。

④ 梧槚：比喻人才。典出《孟子·告子章句上》："今有场师，舍其梧槚，养其樲棘，则为贱场师焉。"孙奭疏："梧，桐也；槚，山楸也；樲棘，小酸枣也。梧槚可以为琴瑟材，是良木；小酸枣，无用之才也，是贱木也。"

⑤ 畛封：疆界。司马光《送刘观察知洺州》诗："畛封连故赵，庐井带清漳。"

第一编：志起源

节录
前年为同学会追述本公会十五年以前之设学概况

监理公会初到苏时，即以兴学为务，历今五十余年。十全街存养书院、宫巷中西书院，一在萌芽，一系小试。若博习书院，若上海中西书院，余皆身历其境而本大学则又自始至今，未尝一日离，均可约略言矣。

余之初执教鞭于博习书院也，时在一千八百九十七年，院址在今本大学大门以西，地甚偏小，较今只十五分之一。街心杨树，当时在围墙门内，干才及把，今已两三抱。树木如此，树人如彼，古人之语，正可想见。课堂、宿舍，连在一起，系我国旧式之四面楼。在此四面楼以西，有监院住宅；西南有天文台。课程甚简单，以中文为主课，"四书""五经"统称之为儒书。此种名称，初闻似觉奇特，继知有宗教关系，并无足奇。此学舍、学课之大略情形也。

至在院诸生及今尚能记忆者，高班有周承恩、唐舜臣、陆咏笙诸人，中班有孙鹤鸣、徐可升、金定邦、陈福全、周保昌、赵文弟诸人，小班惟沈冶生、叶采生。尚能记忆三班约共七十人。此学生之大略情形也。

一千八百九十九年，移并上海中西书院，即今昆山路第二中学。当时院址甚宽畅。潘慎文先生为监院，史拜言先生为总理。学生在余处上课而能略举其姓名者，如：余萼岫、马寅初①、范莲生、胡福保、石运珍、杨连寿诸人。一千九百零一年，本大学就博习旧址，先办中学，阴历二月初一日开课，权以四面楼为宿舍，监院住宅为学舍。学生半由宫巷中西书院移来。此为本大学最幼稚之情况。

厥后，建设方面由林堂而宿舍、而中西教习住宅、而孙堂，次第落成。教习方面，西国人有祁天锡②、孙明甫③、司马德④、巴克蒙、戈壁⑤、史旺密、齐尔诸先生。中国

---

① 马寅初（1882—1982），字元善，经济学家、教育家、人口学家。浙江嵊县（今嵊州）人。早年在中西书院求学。一生著述甚丰，尤以《新人口论》最为不朽，有当代"中国人口学第一人"之誉。

② 祁天锡（1876—1937），美国监理会教育传教士 Nathaniel Gist Gee 的中文名字。毕业于美国沃福德学院，获文科硕士。1901年来苏州传教，在东吴大学堂任格致教习。1906年《学桴》（《东吴月报》）创刊，兼任执事人和总主笔。美国鸟类学家联合会通讯会员，在东吴大学任职期间编著了《昆虫学举隅》《英文植物学教科书》《华东鸟类指南》《长江下游鸟类索引》等。1912年主持创办东吴大学生物专业。

③ 孙明甫，校长孙乐文次子，详见本书《志师资》，有专传。

④ 司马德，东吴大学教师，在体育教学上成绩尤为突出，详见本书《志师资》，有专传。

⑤ 戈壁，东吴大学英文兼拉丁文教师。详见本书《志生徒》，有记其轶事。

人有张一鹏①、章炳麟②、张光彝③、方佩刚、嵇长康④、吴瞿安⑤、吕诚之⑥、金叔远⑦、王丙祺、薛韦馥⑧诸先生。学科编制由简单而完备，由中学而大学，逐渐进行。此就本大学初办以前及开办以后十年之内，撮要言之。至近今十五年之进行，则知者尚多，姑不赘焉。

---

① 张一鹏（1872—1944），字云抟，江苏吴县（今苏州）人。光绪十九年（1893）中举人。早年进南洋公学读书，后辍学在家，加入兄长张一麐创办的苏学社。后赴日本留学，毕业于日本法政大学。归国后，曾受聘于东吴大学任教职。
② 章炳麟（1869—1936），近代著名革命家、思想家、学者，浙江余杭人。原名学乘，字枚叔，后易名为炳麟。后因反清，慕顾绛（顾炎武）人品而改名章绛，别号太炎，世称"太炎先生"，研究涉及小学、历史、哲学、政治等多个领域，著述甚丰。光绪二十八年（1902）春季学期，东吴大学聘章炳麟先生教授国学，只一学期即解约而去，详见本书《志师资》。
③ 张光彝，字秉生，前清昆山县（今苏州昆山）学廪膳生，受聘任东吴大学国文、国史教师，详见本书《志师资》，有专传。
④ 嵇长康，即东吴大学教师嵇绍周，任国学教习，详见本书《志师资》，有专传。
⑤ 吴瞿安（1884—1939），即现代戏曲理论家和教育家、词曲作家吴梅，字瞿安，号霜厓，江苏长洲（今苏州）人。被誉为"近代著、度、演、藏各色俱全之曲学大师"。1905年受聘于东吴大学，与黄人相切磋。后历任北京大学、国立东南大学、国立中央大学、中山大学、光华大学、金陵大学教授，弟子遍天下。
⑥ 吕诚之（1884—1957），即近代历史学家、国学大师吕思勉，字诚之。江苏武进（今常州）人。毕生致力于历史研究和教育，先后在常州府中学堂、苏州省立第一师范学校、东吴大学、沪江大学、光华大学、华东师范大学等校任教。著有《吕著中国通史》等数十种图书。
⑦ 金叔远（1873—1960），即金鹤冲，字叔远，晚号暗泾老人、箬帽山人，江苏常熟金村（今属张家港）人。光绪十九年（1893）诸生。幼承家学，工古文辞，通佛老哲理，尤熟于乡里掌故。因旧友黄人之荐，任东吴大学国文教授，后又曾任教于同济大学。晚年居家授徒三十余年。著有《钱牧斋先生年谱》《病鹤诗稿》《暗泾文钞》《金村小志》等。
⑧ 薛韦馥，即东吴大学教授薛灌英，见前注。

林堂雪景,图录自《1922年东吴年刊》

林堂入口,图录自《1918年东吴英文年刊》

林堂走廊边的罗马柱,图录自《1922年东吴年刊》

祁天锡先生肖像,图录自《1922年东吴年刊》

第二编：志设备

前清光绪二十七年（西历一千九百又一年），一面招考学生、编制课程、暂订规略，先行试办，一面将已购之地五十余亩，缭筑围墙。工程师绘成图样，建造八十八方面积、三层大楼一座。是年十一月开工，至光绪二十九年（西历一千九百又三年）始行落成，颜曰林堂，藉是以纪念林乐知先生。① 盖先生既为在华办学之老前辈，尤为筹划是校之出力人也。

寄宿舍以经济关系，迁延至光绪三十二年（西历一千九百又六年），始得开工建筑。② 分设四大座，估银三万二千五百元。面东座楼，平房十幢，中留扶梯一幢，上下十八间；面西座楼，平房二十幢，中留扶梯一幢，上下三十八间；面北座楼，平房二十一幢，中留扶梯一幢，上下四十间；另一座系长方形，上层对面楼十六间，中留长弄，以通出入，下层设备饭堂，统为一大间，东西四十英尺（按：1英尺＝30.48厘米），南北倍之，可容九十六席。同时又有厨房、浴室等之新建筑。从试办至今，经五六年之策划，始克告成功。惟此次建筑仅为过渡之计，多至十年，

---

① 《1918年东吴英文年刊》中东吴大学的"Important Dates"条记载："1901—Allen Hall begun."（译文：1901年，林堂始建。）

② 《1918年东吴英文年刊》中东吴大学的"Important Dates"条记载："1906—Dormitories and Dining Hall Built."（译文：1906年，宿舍和食堂始建。）

林堂全景，图录自《1918年东吴英文年刊》

即须另行改作。惜十年之后，经济依然困难，迁延复迁延，当局未免耿耿，而学生之居是室者，尤啧有烦言焉。

卫生之道，饮料最关重要，然苏人饮水向来不甚注意。本校初办时，即欲挖凿自流井。光绪三十三年（西历一千九百又七年），博习医院院长柏乐文先生五十初度。先生精于医理，在苏有年，人又和蔼可亲，以故信仰者众。且平素与之往还者多知名之士，如本城迎春坊巷张氏，中由吉巷陆氏，海红坊巷潘氏，高师巷许氏，南浔刘氏、张氏，均系多年至好，皆欲为先生具仪庆祝，先生则乘此机会，请将本人各方馈赠之寿仪，移作凿井之费。井旁建水塔一座，安置蓄水箱。柏塔、柏井，一时口碑载道。[①] 饮水思源，自应尔也。井深三百三十三英尺，泥性与泥色逐层变换。从地面下至八十五尺（按：1尺约为33.33厘米），系浅棕色平常泥；再下至九十六尺，系青色极硬泥；再下至一百四十五尺，系深青夹砂硬泥；再下至一百五十尺，系砂砾泥；再下至一百八十尺，系青硬泥；再下至二百五十尺，系极硬浅棕蓝色泥；再下至二百六十七尺，系鼻烟色硬泥；再下至二百九十二尺，系硬青泥；再下至三百零三尺，系灰色砂；再下至三百三十三尺，系白灰色砂。统装二寸半（按：1寸约为3.33厘米）对径之铁管，每一小时可出水一千茄伦（按：茄伦即加仑，为一种容积单位，分英制加仑和美制加仑。1美制加仑=3.785 412升）。

[①] 《1918年东吴英文年刊》中东吴大学的"Important Dates"条记载："1907—Water tower erected by Chinese friends of Dr. W. H. Park."（译文：1907年，水塔在柏乐文先生中国朋友的资助下建成。）

林堂两翼裙边房，图录自《1922年东吴年刊》

附录
当时之说明书及柏先生寿辰记各一则

用水之便，莫如自流井。其引水之理，略同自来水，而开挖较易，中国各直省已有试行著成效者，惟苏城犹未议及。本校前月雇日本工人数名，以人力试凿一井于学堂之西墙下，圆径不过二三寸，而深邃至数十百尺，故必构木为架，上设辘轳，以便起落，削竹为绳，取其坚韧也。迄今匝月，浚至二百余尺，尚在继续加工，浚至三四百尺为止，中埋铁管，为水上喷之道，且赖以去泥滓、防垤圮，想不日即可告竣。是井议价一千二百圆，然苟不效，则不酬一文。又按：自流井，西名 Artesian well。凡有山各处，雨后之水下渗入地，至遇阻，不能再下，乃傍流横射，或入河海，或留地隙，名曰积水层。来源既高，其水具上溢之力，以无罅可泄，故暂蓄地中。苟穴土直达其处，水即由孔上涌，滔滔不绝，故名自流，盖与俗所谓自来水者同理然。其法有时而不验，则或由积水之少，或由水层之深不能达到，或由其地已有其他阻碍，不能贮水。去是数者，鲜不效矣。

是年九月二十日下午，庶务部传学生军队长、职员数人至，告以今日柏乐文先生五十寿辰，理当整队往祝。各队长遂令诸生一律军服，分为五队，先依次演习行礼、进退之法。是日细雨绵绵，天气初寒，钟鸣四下，各队长率领全体学生冒雨而往。既至柏氏园中，平草拖泥，铜龙滴水，门户皆绕以彩绸，装饰一新。柏公夫妇偕众客立露台上，鼓乐声大作。首队长传令首队军停步，向右面台举手行军礼。礼毕，退十步。次队续进行礼如之，礼毕，退八步，站首队前。俟三、四、五队行礼各毕，二队长读祝词，三队长领众三呼柏名，又呼校名，三声而归。越日，柏公致函道谢，极致感忱。

柏乐文先生肖像,图录自《1922 年东吴年刊》

前清宣统元年（西历一千九百又九年），在林堂西南隅建造七十一方面积之四层大楼。是年秋季开工，至宣统三年（西历一千九百十一年）落成，时孙乐文先生已先一年逝世，即颜之曰孙堂，以示纪念。① 民国十二年（西历一千九百二十三年），又在林堂东南隅建造科学馆，内分三层，全用钢骨水泥制成，因建筑费系葛赉恩先生②之封翁葛老牧师所经募，故又题曰葛堂云。

---

① 《1918年东吴英文年刊》中东吴大学的"Important Dates"条记载："1911-12—Erection of Anderson Hall."（译文：1911年12月，孙堂建成。）

② 葛赉恩（1868—1955），Jno. W. Cline 的中文名字，美国北卡罗来纳州人。1897年来华，1905年为中西书院监院，1911年至1922年任东吴大学校长，贡献卓越。《1918年东吴英文年刊》中东吴大学的"Important Dates"条记载："1911—Dr. Anderson died, Dr. Jno. W. Cline elected president."（译文：1911年，孙乐文博士去世，葛赉恩当选为校长。）《1928年私立东吴大学文理学院一览》述葛赉恩之于东吴大学的贡献有曰："潘公掌上海中西书院，至光绪三十年退职，葛赉恩博士继任，力谋改善，迎合时代精神。惟是苏、沪两地二校并设，为免除人才、经济不敷支配起见，早有并合之议。适孙公作古，校董会推葛博士就大学校长职。于是移教职员、学生至苏州，实行归并，是以博习之与中西，中西之与东吴，皆同源合流，一气直贯，凡肄业于二校者，均为我东吴同门之先后校友。饮水思源，实为东吴同学会会员之老前辈也。葛博士在职十一年，励精图治，举凡学校基址、设备、课程、学生及教职员，靡不大有增进。基金方面，生息渐裕。民国四年，设法科于上海。监理公会各教区之小学隶属于分设苏州、上海、湖州之三中学，而三中学更衔接于大学，连成一系。此外，设圣经学校于松江，与金陵神学合办神学科。中华民国十一年，葛赉恩博士坚辞校长职，校董会推文乃史博士为校长，旋复推选杨永清为副校长。"

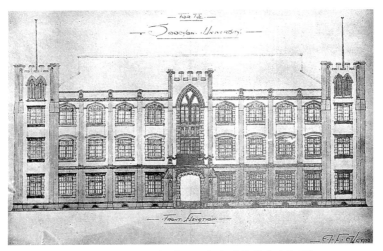

孙堂设计图,图录自《1910年东吴大学英文年刊》

孙堂正面与林堂侧面,图录自《1922年东吴年刊》

保存至今的孙堂与林堂

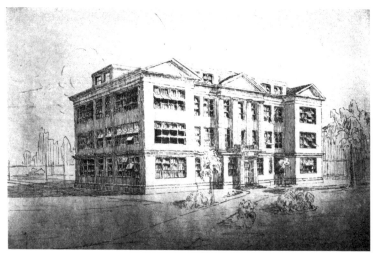

科学馆葛堂设计图,图录自《1922年东吴年刊》

第二编：志设备

苏州大学校内葛堂前的葛赉恩先生塑像

学校中膳食一事，颇关重要，偶或失宜，风潮即起，每闻各地学校有因争吃饭问题而牵动大局者，始则掷筷飞碗，继即藉端要挟。本校开办至今，此等风潮，幸未发现，其中主要关键，全恃承办之庖人精明干练，不受人欺。譬如鱼肉菜蔬、油盐柴米，价格既有高低，货物又有优劣，凡给价、检物，能处处不受人欺，则于进货既不吃亏，而于食客方面，自然可以比较的见好几分。至于注意清洁，力求卫生，尚觉易于为力也。本校初时，吴塔乡人吴五福承办年余，即易荡口人华阿二，此两人均欠精练，故八九年间，彼来此去，两次互易，仍难持久，卒归无锡人赵阿长继任。此人系杨维翰先生①在锡行医时所荐，所谓精明干练者也，且又善伺人意，对于当局，具有一种见貌辨色之心。自前清宣统二年（西历一千九百十年）至今，中间仅常熟人陆云山暂代半年，今已十七年，迄未易人。每有从无锡来者，咸谓此人在乡业已买田置产，居然富室矣，而看其身面，仍旧萎头倒灶，与来时无异，不知究竟如何。惟念彼已承包十七年，十年以前之物价，比较今日仅及半数，而当时包价则每客一角四分，十年以来之物价逐渐增

---

① 杨维翰，浙江宁波人，苏州博习医院首届毕业生。毕业后行医无锡，精西语，被当时全国最早的新式西制学堂"竢实学堂"（无锡连元街小学之前身）聘为英语教习。

涨，有涨至一倍者，有不止一倍者，而包价则每客加至一角八分，仅涨五分之一有奇。以今视昔，今日尚有利可图，则昔日可知。如此推想，锡客所言，非虚语矣。

学校为各级课本及各种校具便利起见，多就校中自设贩卖部。本校初办，即有此项设置。先则就博习书院之机器间沿街，改设门面。林堂落成后，移设二楼钟楼下。另派高班生一人司其事，每日只上下午未上课前半小时内，任人购买，一上课，即须闭门。至光绪三十二年（西历一千九百又六年），又移置下层东边横巷北首一间内，另募外人承办，除礼拜日闭门，其余通日开张，店中诸事，本校不加干涉。自此以后，课本、校具之外，又添装饰品、饼饵、果食等等，居然一所百货公司矣，如此者五年。至孙堂落成，又移入孙堂二楼对扶梯之一室，照常贸易。约历二年余，初承办者不善经纪，亏折以去，另易替人。时学校当局因装饰品及食物，对于学生方面不甚合宜，仍令遵照初办时规则，专售各级所用课本及各种校具，消耗品一概屏绝。迨民国十三年（西历一千九百二十四年），以图书馆推放，又移回林堂西首平屋内。此项贩卖部，经二十余年之久，承办者前后两人，一败一成，可知商人营业，首重经纪赢亏之理，须于是乎卜也。

忆前清光绪二十三年（西历一千八百九十七年），余初到博习书院时，已见有普通书室一间，人皆呼为藏书间。中央置一长桌，四壁设书架，其大宗书籍有木刻《皇清经解正集》全部及《苏州府志》等，余如功课应用之本、普通调查之册，亦大致具备。惟英文书全付缺如，算学、格致等亦只有译本。至光绪二十九年（西历一千九百又三年），林堂落成，迁入二楼东南部，大加扩充。书架、书桌均就室位特制，添购书籍，中与西分别部居，延本校中学停业生卢赋梅驻馆办事。另组委员会，除随时主持外，特订定馆室启闭时间，学生入馆看书及借、还书各种规则。规模初具，由是继长增高，随时进步。民国二年（西历一千九百十三年），再迁孙堂二楼靠北全部一大间，所有书架、书桌则就旧有者移装、添配。民国八年（西历一千九百十九年），卢赋梅辞职，本校大学毕业生胡笃平继任。民国十年（西历一千九百二十一年），特聘美国图书馆专科毕业郎特女士来校主任馆务，旋又聘武昌文华大学图书科毕业黄星辉先生[①]副之。于民国十三年（西历一千九百二十四年）暑假期内，将二楼南部之各职员办公室及贩卖部等，尽行迁入林堂，所腾出者，概归图书馆并用。正、副主任

---

① 黄星辉，湖南湘潭人，毕业于武昌文华大学图书科，获文学学士，后受聘东吴大学，先后任图书馆副馆长、馆长。

均系专门名家，历将馆中书架、书桌等一切器具，更制最新式样，且各项布置，亦均另行安设。至中、西书籍，则历年添置，与日俱新。计经三十年之设备，至此方见完美云。

　　本校体育一项，向极注重。所惜者，各种运动，其始全在草场上练习。某年，赴沪江大学比赛篮球，以我习惯草地上战斗之队，与彼习惯地板上之健卒，在彼日夕操演之地板上互角胜负。此有如以久练之海军，一日舍舟而登陆，弃其所长，用其所短，安得不屡战屡北、一败涂地？此役也，非但形式上受亏，而精神上尤大为所窘。由是，本校体育主任司马德先生竭力设法，筹建健身房。民国九年（西历一千九百二十年），以三千银币之估价，包给孔姓匠承造，仍因经济不敷，暂为过渡之设备。其中容积，东西六十英尺，南北九十英尺，上面盖以牛毛毡，取其压力稍轻，盖容积大而木料不坚，断断不胜重压也。

苏州大学校内保存至今的东吴大学司马德体育馆

东吴大学篮球队队员,图录自《1922年东吴年刊》

学校卫生，日加研究，厨房内容，不得不日谋改良。本校厨房，前与宿舍同时建筑，相沿十余年，缺点已多，因于民国十三年（西历一千九百二十四年），特派职员分赴宁、沪各大学，调查厨房之建设及布置，藉资借镜。结果如南京之东南、金陵，上海之约翰、沪江、南洋，均与本校相伯仲，惟有数处女校，颇见优点。就布置方面观察，分内外以图清洁，首推圣公会之圣玛利亚，次则本公会忆定盘路之中西女塾①；就主要之灶位观察，长老会之女清心为首屈一指，且女清心亦取法于天主教所办之新普育堂，而又变通以改良之。于是，即在此暑假期内，取法女清心，重建灶位。取法圣玛利亚及中西女塾，加以内外之限制，将食物之洁净而可下锅者，置诸内室；而于一切不洁，及尚待整理之物，概备外室以储之。如是截然隔别，似乎改良不少，惜限于经济，只将原有房屋，易其墙壁而刷新之，不能完全改造，尚属憾事也。

洗浴一事，于卫生学上最为重要。本校初办，即有将全体学生排日、排班，轮流分派之规定。第二次，浴室与

---

① 中西女塾：1892年3月，由美国基督教卫理公会创建于上海的教会女子学校。包括宋氏三姐妹在内的中国女性信徒，都是该校的学生。首任校长为美国传教士Laura Askew Haygood（中文名字为：海淑德）女士。原址在今西藏中路的沐恩堂东侧，1916年搬迁至沪西忆定盘路（今江苏路）。

宿舍同时建造。六七年后，又改造一次。至民国十年，健身房落成后，即就旁边余屋，改造雨淋浴室两处。且嗣是以来，另订新章，制就衣架、衣橱，所有衣服等件，各自分储，并有一人专司其事云。

教职员住宅，最先为校内东北隅。孙校长住宅与卢师浜两国文教习之合并住宅，次第建筑，时在光绪三十二、三年（即西历一千九百六年至七年）。盖孙先生主张尊重中国文字，必尊重中国教习，西国教习既须与以居室，则中国教习待遇，自应一律，故自营住宅之后，即继之以卢师浜之建筑。嗣是，而校内西北隅，西教习所住之一宅；校门内左、右两宅，东边第二宅，又先后兴工。至于卢师浜方面，除已先造两国文教习合住之一宅外，而是宅之东，旧有一宅，本为医院所造，西医所住，本校为联络一气计，因即以他屋与医院互易。越三四年，又就西首空地，继续建造第三宅。越七八年，成第四宅。今则卢师浜住宅，共有四所，最东第一宅，乃一家居住，其余三宅，均一宅分为两宅，盖中有垣墙完全隔绝，各别出入，安适利便，兼而有也。抑尤有不能忘者，最先建造两国文教习合并住宅时，经费无着，孙先生不惜贷资出息，以成其事，后复不收月租，藉彰优待，此其重视国文教习为何如乎！

本校校基，合共七十余亩，其中百分之七四系开办时所购置，有桑园，有菜园，间有残废房屋，均系陈盈卿牧师经办，每亩价银二百元。在今运动场附近，多系青松寺废基，亦一体给价，尚有寺屋三楹，商通住持明月，移至望门桥东塊，贴费另建。（十余年后，此屋仍由寺僧得资归并。）三十年前，城中空地，普通价格每亩多至百元，当时竟增一倍，岂以洋人多财，咸求善价乎？（四年前，向吴江钱氏转买双塔寺前空地十八亩五分，由余经手，价洋二千七百元，分亩计算，每亩只一百四十六元有奇。）以外百分之二六，全在东南隅，当时未经买，进留一缺角。十余年后，络续购买，惟价格较前有增三四倍者，有增六七倍者不等，且大部分又系低田，雇工填平，又费一千二百元云。

📖【杨旭辉按】 关于东吴大学的选址和主楼"林堂""孙堂"等建筑以及宿舍、图书馆、饮用水等基础设施的建设情况,《1910年东吴大学英文年刊》记载甚详,可与《志设备》这部分文字参考,摘录其中有关文字(并附中文译文)如下:

LOCATION

The University is located in the southeast corner of the city of Soochow, just inside the Fu Gate. Though inside the city, within easy reach of its large population, and having all the advantages of city life, yet the University is away from the busy centre, from the crowded streets, and is surrounded by the quiet of the country. The location, together with the ample and attractive grounds, makes it an ideal place for educational work.

THE MAIN BUILDING

This building was completed in 1905. It is built of grey and red brick, trimmed with granite, and is three stories high. Both the north and south fronts present a very handsome appearance. It contains class rooms, laboratories, library, assembly hall, offices, etc. It is furnished throughout

第二编：志设备

保存至今的东吴大学主楼林堂

with good American furniture of the latest patterns.

NEW BUILDING

The contract has just been let for a handsome three storied brick building for the use of the Middle School. (See illustrations) It will contain a large assembly hall for lectures and conversation classes, offices, class rooms, and literary society halls, and will make possible the expansion of certain schools of the College Department, to which the Main Building will hereafter be devoted. The erection of this much needed building is made possible by the liberality of Court Street Church, Lynchburg Va., whose members have contributed $20,000 gold for this purpose. It is hoped that this fund will be sufficient not only to finish the building but also to equip it with the necessary furniture.

DORMITORIES

In 1907 four buildings were erected, capable of accommodating in all two hundred and eighteen students. They are so arranged that each room has good light and ventilation. Two students only are assigned to one room. In connection with these buildings is a large and attractive dining hall. There are also ample kitchens, bathrooms, barber shop, etc.

LIBRARY

A large and beautiful room in the Main Building is used at present for the University Library. Though our institution is only eight years old, the Library contains 8,456 Chinese, and 1,016 English volumes. The books are well selected and well adapted to our present needs.

The Library is also well supplied with newspapers and magazines, Chinese and English, and is open to the students every day.

LABORATORIES

1. The Chemical work is at present housed in the northwest wing of the Main Building. Desk room, with laboratory sections, is provided for sixteen students working at the same time. A smaller room adjoining the general laboratory contains hoods and extra stock. This department is supplied with chemicals, glassware, balances and the necessary apparatus for carrying on general chemical laboratory work and simpler analytical operations.

2. For Physics, the usual apparatus suitable for elementary work has been provided, also other apparatus that enables some extension along particular lines. A well equipped

shop and an expert mechanic in constant attendance are valuable adjuncts to the laboratory work, and make it possible to construct or modify the simpler forms of apparatus at pleasure.

3. This is a good equipment for practical work in Biology. There are twelve excellent microscopes of the latest pattern from Bausch and Lomb, a demonstration microscope for use in the class, dissecting microscopes, and a microscope attachment for use with the projection lantern. There is also growing collection of prepared slides for use with these instruments.

There is a good equipment of dissecting pans and apparatus for use in the Zoology course.

There is a paraffin bath, a microtome, a turn table, and a supply of stains, chemicals and glassware.

The students will prepare large number of slides for class use.

The lecture room is equipped with a fine projection lantern and there are good collections of lantern slides illustrating Botany, Zoology, Geology, and Astronomy.

MUSEUM

The Museum is in its infancy. but there is promise of growth in several lines. The local fauna is fairly well represented, and plans are made to start a collection of the flora. The Geological section has recently been enlarged by the gift of a collection of rocks and fossils from the U. S. National Museum.

LITERARY SOCIETIES

There are two Literary Societies in the University, the Philosophic and the Dialectic, and each student is a member of one or the other. The meetings are held on Monday morning, when two hours are given to debates in English, and to orations, declamations and essays in either English or Chinese. The training thus gained is proving very profitable to the members. Several times each term the societies have a joint debate, to which the members may invite their friends.

ATHLETICS

Each student is required to attend military drill four times a week after class hours in the afternoon.

The students also have an Athletic Association, and

great interest is shown in outdoor exercises such as football, basketball, tennis, racing, jumping, etc.

WATER WORKS

An artesian well, three hundred and thirty-three feet deep, sunk on the west side of the grounds in 1906, furnishes an abundant supply of pure water. Through an iron pipe the water rises into cemented cistern at the rate of one thousand gallons per hour till it reaches a level of six feet below the surface of the ground.

In 1907 a handsome brick tower, surmounted by two large steel tanks, was erected beside the well. The money for this tower was presented to the University by Chinese friends of Dr. W. H. Park, in honor of his fiftieth birthday. A gasoline engine raises the water from the cistern to the tanks, and seven inch main gives good pressure at the hydrant at the foot of the tower, whence water is taken for all purposes.

An urgent need now is for pipes to distribute the water from the tower to the various buildings. $2,000 gold would suffice to complete an admirable system of water works, and thus greatly facilitate the work of the laboratories, as well as promote the health and comfort of the community.

【译文】

位 置

东吴大学位于苏州市的东南面,紧邻着葑门。虽然在城内,人口众多,交通便利,拥有城市生活的所有便利,但它又远离繁忙的市中心,远离拥挤的街道,被宁静的乡村包围。这个有利的地理位置,再加上引人入胜的空旷场地,是一个理想的教育场所。

主 楼

主楼于1905年竣工。它采用灰色和红色的砖砌成,镶有花岗岩,楼高三层。无论从南北哪个方向看,都呈现出非常漂亮的外观。它里面有教室、实验室、图书馆、会议厅、办公室等,并配有最新款的美式家具。

新 楼

根据最新签署的合同,一幢漂亮的三层砖结构的大楼即将建造,供中学使用。(参见插图)楼内将设有一个大型会议厅,用于演讲和会话课,还有办公室、教室和文学社大厅。在此基础上,大学今后有可能扩建一些系科。主楼将专门归于大学使用。这座楼的修建,美国弗吉尼亚州的林奇堡市孔特街教堂功不可没,其教友为此捐助了 20 000 美元。希望这笔资金不仅足以覆盖这座大楼的修建经费,而且也能满足配套的必要家具的开支。

宿 舍

1907 年,学校建造了四座可以容纳 218 名学生的宿舍楼。每个房间都有良好的采光和通风。每个房间只安排两名学生住宿。与这些建筑相连的,还有一座宏大而有吸引力的餐厅。这里还有足够用的厨房、浴室、理发店等。

图 书 馆

目前,大学图书馆被安排在主楼里一个漂亮的大房间中。虽然我们的大学只有八年的历史,但图书馆已经有 8 456 册中文图书,1 016 册英文图书。这些图书经过精心挑选,完全满足我们目前的需要。图书馆还备有中、英文报刊,每天向学生开放。

实 验 室

1. 化学实验室现在被安排在主楼的西北翼裙边房中。实验室的课桌可以供十六个学生同时使用。与普通实验室相连的小房间中,设有通风罩,存放有储备试验的物品。这个地方供普通化学实验所用,能提供简单分析操作所需的化学试剂、玻璃仪器、天平及其他必要仪器。

2. 实验室也提供物理学基础工作所需要的设备,甚至一些特别需要的仪器都可以提供。装备良好的工作间和随叫随到的专业技工都是实验室工作不可或缺的，这可以保证随心所欲地制作、改造比较简单的仪器结构。

3. 我们有一个设备良好的生物学实验室。这里有12台博士伦公司生产的最新款显微镜，一台示范显微镜用于课堂教学，还有一台解剖显微镜和一台显微镜与投影灯连接使用。与这些仪器一起使用的准备好的幻灯片也越来越多。

此外还有给动物学课程使用的良好的设备，如：解剖盘和其他仪器。还有一个石蜡浴池、一台切片机和一个转台，并提供染料、化学试剂以及各种玻璃漆器皿。学生们会为上课准备很多幻灯片。

报告室还配备了一个精致的投影灯，并有许多展示植物学、动物学、地质学和天文学的幻灯片。

博 物 馆

博物馆尚在起步阶段，但有几项业务有望实现大的进展。本地的动、植物具有相当的代表性，收集植物标本的计划正制订和开展。地质部分最近也将有拓展，美国国家博物馆赠送了一批岩石与化石，最近将入藏。

社 团

大学里有哲学社和辩论社两个社团，每个学生都是其中一个社团的成员。每星期一上午举行会议，在两小时会议期间，社员用英语进行辩论，用英文或中文发表演说、宣言和论文。这样的训练对社团成员是十分有益的。社团每学期会举行几次联合辩论，成员可以邀请他们的朋友参加。

体　育

每个学生必须在下午课后参加兵操，每周四次。

学生们还成立了体育协会，他们对足球、篮球、网球、赛跑、跳高等户外运动表现出极大的兴趣。

供水工程

1906年，学校在西边的空地上挖了一个三百三十英尺深的自流井，可以提供大量纯净的水。通过一根铁管，井水以每小时1 000加仑的速度抽到位于地平面下六英尺的一个水泥池中。

1907年，在自流井旁建起了一座漂亮的砖砌水塔，塔顶上有两个巨大的钢制水槽。为庆祝柏乐文博士50岁生日，柏博士的中国朋友向学校捐钱造了这座水塔。水塔通过一台水泵将地下水泥槽中的水抽到塔顶的钢槽中，在塔脚下的消防栓处通过一根七英寸长的总管提供合适的压力。那些水可以用于各种用途。

现在迫切需要一些水管将水从水塔送到各个大楼中去。完成这个供水系统大约需要2 000美金，而这样做不仅有助于实验室的工作,也会提升校园的卫生环境与学生的舒适度。

东吴大学校园规划模型,图录自《1918年东吴英文年刊》

校园风光画,图录自《1918年东吴英文年刊》

第三编：志成绩

校中规程，历年多有修改。屡经修改之后，每恨不知与第一次之所订相去几何。兹因摘开办时紧要数则，录刊于下，以资考证：

（一）修业年限：备等四年，高等四年，专门二年。（二）暑假、年假前，各有大考一次。每大考前，各有小考两次，相距约六礼拜。无论大考、小考，均须将所考成绩函报各家长。（三）每年暑假约六礼拜，年假约四礼拜，端午、中秋两大节各假三天，每礼拜六停课半天。（后以地方各学校多于礼拜六给假出校，恐彼此生事，改于礼拜一停课半天。）（四）学、膳两费，全年统收银洋九十五元，半膳者减去十五元，单缴学费者六十五元。能预缴五年者减收洋二百八十元，预缴十年者减收洋四百五十元，惟此种预缴之生，须先经试读一年。（五）宿舍每间住一人或两人。（六）每日七时起身，七时半早膳，八时三刻上礼堂，九时上课，十时半下课，十时三刻上课，十二时下课，一时半上课，三时下课，三时一刻上课，四时半下课，七时晚膳，十时安睡。（七）下午散课后，一律到操场体操。（八）学生遇有疾病，请博习医院医生诊治，医金由学校致送。（九）各家长既送子弟来校，当以全权相畀，幸勿有所掣肘，一切世俗酬应、有碍学业者，亦当禁绝。幸而未有家室者，切不可急于完姻。（十）本学堂以君子待人，设规极简，务望诸生亦以君子自待，勿负本学堂厚意。

某年春季学期，时交初夏，吴谚有"楝树花开苏迷迷""吃饱打磕盹"等语，确是实情。午餐后上课，各有苏迷不醒之象，因暂定变通之法，将每日上课时间提早一小时，接连至午后二时。俟全日之课完毕，始进午餐。午餐后，各自休息。然究有诸多不便之处：接连上课六小时，精力不济，一不便也；午饭迟两小时，学生有不得不私携食物者，二不便也；日长如年，二时后学生即无正课讲习，因逸生事，不免多生枝节，三不便也。故此种办法，不过半学期即废除之。

青年会虽同一公会之组织，然其内容，则专注重于青年人，尤注重于学校中之青年人，故其工作任务，多在学校中进行。我国自有教会学校以来，各校皆有校内青年会。本校则成立于前清光绪二十九年（西历一千九百又三年），组织之始，公推司马德先生为会长，学生奚柏寿副之，李永和为书记，联合本校与医院学生，及李仲覃牧师①、孙明甫教习，共只四十一人。事属起点，初无事业可纪。要其

---

① 李仲覃，江苏南汇（今上海）人。李政道的祖父。仲覃之父（李政道曾祖父）李子义是美国监理会蓝柏牧师的早期跟随者，1866年应蓝柏要求迁居苏州，住在钟楼（文星阁）附近，是苏州监理会的创始人之一。李仲覃1892年毕业于博习书院，留校教授国学、数学、科学知识、神学。后担任苏州教区牧师，兼任东吴大学圣道学教习。1915年，时任苏州教区长的李仲覃主持重建了圣约翰堂。

第三编：志成绩

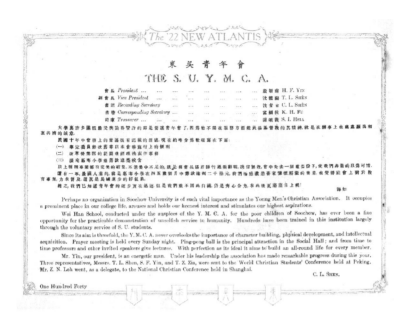

东吴大学青年会简介及总干事部成员，图录自《1922年东吴年刊》

东吴六志

The '22 NEW ATLANTIS

青年會惠寒小學
THE Y. M. C. A. WEI HAN SCHOOL

校長 *Principal* ... ... 富覲侯 K. H. FÛ
副校長 *Vice Principal* ... ... 夏卓然 T. Z. HSIA
書記 *Chinese Secretary* ... ... 秦謇明 S. M. CHIN
司庫 *Treasurer* ... ... 葉芳桂 F. Q. YIH

當惠寒之初創，望星橋畔，小屋一椽，頭當十餘，經費支絀，固不虞有今日也。然面長江大河，源發於濫觴，今日之規模知矣，要賴有人焉始作於前，繼起於後，艱難辛苦，稻造經營，乃始真嘉惠寒晙焉。則飲水思源，前人之功不可忘；而吾人永免啟後之責，亦意電矣。今歲校中共有學生七十二，聘任常駐兼管理教員二，而義務教員之來自東吳者計等學生數三分之一面有奇，皆肯願犧牲一己而於教育事業上具熟心者也。

湛明

Eleven years ago in a small hut near the Moun-sing Bridge the Wei Han School was organized. Her origin was due to the feeling of a few college students that public education was needed to help save China. The work proved to be a great success; the enrollment grew so rapidly that it became necessary to erect a new building in order to accommodate the increasingly large attendance.

It is evident now that the present facilities are entirely too small and a new plant with adequate playground is being planned. A financial campaign has already been inaugurated to raise $7,000 for the erection and equipment of this construction.

At present seventy-two students are enrolled. Two full-time teachers are employed. Twenty-two students from the University render voluntary service—a most praiseworthy contribution.

We wish to express our hearty thanks to all whose gifts, whether of energy, time, or money, have made possible the establishment and progress of Wei Han School. We are also very grateful to the Y. M. C. A. for its generous support.

K. H. FÛ.

One Hundred Forty-two

青年会惠寒小学，图录自《1922年东吴年刊》

目标，则在联合同志，各以学问、道德相砥砺，不听个人放弃其应尽之职务，有背基督救世之旨而已。①

陶情淑性，莫善于音乐。本校研究音乐，向有两种，一为弦乐（苏地社会上一种相沿之乐，所用乐器，半系丝弦，故名弦乐，音节悠扬，颇堪悦耳），一为军乐。弦乐系学生自组团体②，始于前清光绪二十九年（西历一千九百又三年），当时组织之团员，有周石笙、蒋鹤庭、陶甸夏、陈

---

① 东吴大学青年会之宗旨在于发扬慈善精神、普及教育事业，经过十多年发展，成绩可观，尤为可贵的是创办惠寒小学，为贫寒子弟提供读书机会。在《1922年东吴年刊》中，介绍东吴青年会时曰："大学里许多团体，最受舆论界赞许的却是要让青年会了，因他不独在服务方面能表扬基督教的真精神，就是在办事上也处处显出和衷共济的诚意。民国十年中，会务上的发展很有记载的价值，现在约略分为数端写在下面：（一）举定委员修改旧章，以求会务施行上的便利；（二）改革营业部的范围并经理洗衣作事务；（三）扩充惠寒小学，并筹款建筑校舍。以上种种事业，都有完美的果。不过美中不足的，就是前会长张君师竹通函辞职，挽留无效，会中失去一个重要分子，使我们非常的以为可惜。还有一事，最满人意的，就是惠寒小学在四五个月中筹款达到二千余元，我们极感激慈善家慷慨解囊的美意，也觉得社会上对于教育事业，力求普及，这真是民国进步的好气象。总之，我们已知道青年会的进步实在迅速，但是我们并不因此自满，仍是齐心合力，求此后更蒸蒸日上呢！"

② 对于国乐的研习，基本以学生社团为主。1912年，又成立了景佺会。《1922年东吴年刊》介绍景佺会曰："景佺会自从成立以来，已经十年了。这十年中间的进步非常迅速，会员有三十多人，专门研究国乐，各人都有精深的心得。所以，每逢交谊会、圣诞节等盛举，秩序单中，景佺会一定有份的，所奏的乐，没有一种不受中西人士的欢迎。今年是景佺会的十周纪念，所以要开一个国乐大会，发耀我们的精神，把会务大大扩充起来，聘请一位音乐教习指授，每星期多加练习功夫。现在有杨君天逊、邵君文炯，捐助二副锣鼓，会里还要添办许多丝竹品。你想这不是一个很完备的国乐会么？"

海澄、沈伯安、陈荣生、卢赋梅、何仲璧、张季常、医院生潘莲生等十人。内中蒋善胡琴，潘善弦子，张善琵琶，余则笙、箫、笛、板，各擅其长。嗣是至今二十余年，凡留心此道者，课余辄事研习。军乐为学校所规定，与体育之兵操并重。① 入军乐队学生，准免兵操。宣统二年（西历一千九百十年），购到全副乐器后，延聘专门教习，开始教练，另订规则，酌定毕业年限。十余年来，毕业给凭者，有鲍咸锵、吴翰香、张信孚、史襄哉、袁守礼、胡经甫、秦俪范、鲍庆明、沈惠元、陶心治、汪子愚、沈体兰、殷新甫、黄仁霖、盛振为、潘履洁、刘崇恩、董俊、张尔馨、欧阳旭初、老见春、张天荫、陈恩贤、史醴伯、陆近仁、俞普庆、施鼎莹、程玉鳞、李国宁、毛宗英等三十人。

---

① 《1922年东吴年刊》介绍东吴大学军乐队的成绩时曰："吾校军乐队，设立有年，所以发扬本校之精神者也。而有时应各团体之请，以表现团员服务之义，实难仆数；尤以一九一六年与一九二一年之代表中国于远东运动会为其最著者。然本队之有此成绩，岂非戴君逸青之训练，黄君仁霖之所指示有以致之耶？今年校务部特赠巨款，俾队员得每人备冬服一袭，藉资鼓励；亦同人所引为荣幸者也，故并志之。"

第三编：志成绩

景俋会成员合影，图录自《1922年东吴年刊》

殷新甫、秦俪范肖像，图录自《1922年东吴年刊》

东吴大学军乐队,图录自《1922年东吴年刊》

东吴大学军乐队徽标,图录自《1922年东吴年刊》

我校月刊,创始于光绪三十二年(西历一千九百又七年)①,初名《学桴》,第一期第一册封面画一帆船,驶行波涛中,桅杆旗上有"东吴月报"四字。嗣是两三年,即更名《东吴月报》,中间又去"月报"二字,单名《东吴》。至本年,则又名《新东吴》矣。我校年刊出,世人咸知在民国七年(西历一千九百十八年),实则前清光绪二十九年(西历一千九百又三年),已有《雁来红》特刊。虽无年刊名目,而内容多系年刊体例,有校长及甲、乙、丙、

---

① 本处原文西历括注有误,应为1906年。

中国最早的大学学报——《学桴》，苏州大学博物馆藏

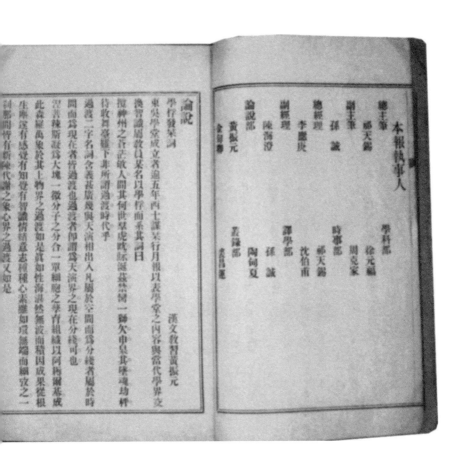

黄人所作《学桴》发刊词

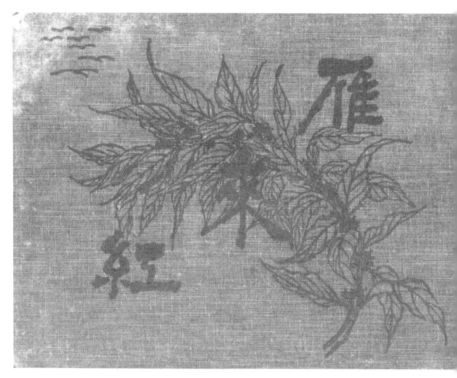

《雁来红》杂志封面，苏州大学档案馆藏

丁四级学生之影片，有论说，有记事，并有插画，或寓讥讽，或示劝勉，各有命意。其属寓意游戏者，无锡学生同乡会缘起，附有插画一帧，为倒合之。尖底缸一只，上立一豕，翘首后向，似有旋转之意；下有三豕，首尾衔接，又有绕转之势。阅之颇堪发噱。"缸尖嘴上团团转"七字，锡人土音为"缸尖猪娘团团转"，是外人戏讽锡人之语，今乃出于锡人自己口中，不亦奇乎！首页有孙校长弁言，叙述当时学校概况，录刊于后，以资考证。

点线相切而成世界，水火相激而成地球，人群相切相劙而成学问。学校者，切磋之地，亦大改良之地也。西国学校，月异而岁不同，一岁有一岁之改良，一年有一年之进步。故吾国卡伦例有年报，凡学生程度之渐进，教习诱掖之殷情，以及斋舍之营缮，社会之兴创，莫不事绘为图，所以明示学子，策同群也。鄙人来游中土，念载于兹，记自开创学堂至今，前后负笈至者，不下百余人，不敢自负育才之任，然吴下英髦，已毕萃于此。比年以来，从游日众，校舍逼仄，乃重营广厦以居之。兹值新院落成，爰师西例，各摄一图，汇列成册。俾览是图者，睹学堂之巍如、翼如，而知经营者有年；睹班序之秩如、肃如，而知肄业者有年；聆自治会、演说会之绪论，而知青年之志趣；数健身会①、赛走会之姓氏，而知卫身之功用。掷球、竞走，天趣横生，傅之图中，咸栩栩焉。虽然，此特吾学堂今日之现象耳，西国教育之理，尽于是乎。吾愿图中人相切相劘，他日所造之学问，必有进于是者。吾故曰：学校乃改良之地也。如谓斯图之成，仅以志一时之雪泥鸿爪已也，是岂鄙人设立学校之初心也哉！

西人尝谓：学生、班级如浮屠，形级愈高，人愈少。本大学第一次毕业，只沈柏甫一人。沈生先肄业于长春巷

---

① 东吴大学健身会在学生中影响巨大，成绩斐然。在《1922年东吴年刊》中，学生周赓唐为东吴大学健身会所写的总结曰："一九二二年的健身会，从组织方面看来，和从前没有什么分别；但是办事方面的精神，各部所有的成绩，那却和以前大不相同了，这不能不归功于上届许多职员，因为他们尽心尽力地为了健身会做事，并且也要谢谢校务部的热心，因为他们已经为了健身会费了许多心血。今年健身会各部的进步，实在不少；各部所经过的情形，也是很复杂，如今只得把几件大纲目记在下面：（一）强迫运动。强迫运动，从开始以来，已有好几年了，所得到的效果，也很不小。自从健身房落成之后，强迫运动的精神，更是一天一天的进步，从前运动的时间，总在下午四时之后，现在因为便利起见，将运动钟点，和平常功课一样排列，将来成效，想必是更有可观的。（二）运动比赛。我们校内，各种运动，多有迅速的进步，无论足球、篮球或网球，和人家比赛的时候，总是常占优胜。去年虽没夺得锦标；比较别的校也差上不多，好在胜了不骄傲，败了不灰心，这种精神实在是出人头地。至于各部详细的经过，请看各部小史。"

英华学校,转入本校中学,十年茹苦,一旦成功,非易事也。本校初创,先从中学办起。惟因我国昔在科举时代,尚无学校,无可取法,而欧美学制,又未能遽行于我国,故初时各级年限,尚未确定。至光绪三十三年(西历一千九百又七年),仍参酌欧美大学程度,将最高一级准予毕业,给以文凭、学位;又将前数年读毕中学课程各生,补给中学证书,此为东吴大学办毕业之第一次。① 孙校长对之非常郑重,事前柬请本、外埠绅学商各界,及曾捐资赞助诸君,外又函请本省督、抚、藩、臬、府、县各官场,莅校观礼。兹将各官场之覆函,附刊于后,藉觇当时我国人对于教会学校之态度焉。

---

① 据上海 Methodist Publishing House 1910 年出版的 *Catalogue of Soochow University* 记载:"In Feb. 1908 the first graduate from the College Department received his diploma with the degree of Bachelor of Arts."(译文:1908 年 2 月,大学部的第一位毕业生获得了文学学士学位。)是则东吴大学首次授予学士学位的具体时间在 1908 年 2 月。《1918 年东吴英文年刊》中东吴大学的 "Important Dates" 条记载:"1907—First graduating class from college."(译文:1907 年,大学第一届学生毕业。)据 *Catalogue of Soochow University* 其后所列毕业生名单,以及《1928 年私立东吴大学文理学院一览》之《历届毕业生名录》等校史资料,第一个授予学士学位的学生应该是 1907 年唯一的毕业生沈伯甫。十年之后,东吴大学又有硕士学历文凭之颁发,成为中国最早进行研究生教学的现代大学。《1917 年东吴年刊》在《纪事》栏中记载:"硕士学位自本学期始,校务部议定给发硕士学位。刻下陈君调父、徐君景韩已择定理化科之专习。陈君专究钢铁及铜类合金。徐君研究水门汀之制造。异日当为我校理科之翘楚也。"《1918 年东吴英文年刊》中东吴大学的 "Important Dates" 条记载:"1917—The Master's Degree conferred upon graduate students the first time."(译文:1917 年,第一次给毕业生授予硕士学位。)

两江总督端方

敬复者：

　　曩在苏台，亲见贵学堂规模宏备，负笈者咸乐甄陶①，至为景佩。昨展惠书，敬审月之二十六日为贵学堂正科第一次毕业发给文凭具征，造就人才，日新月异，鄙人不获躬承雅教，顷已委派毛学司代表观礼，以志响慕嘉与之素，尚希亮察。专泐布复。即颂道祺。

（名正肃）②

此函外先有要电一通：

　　苏州东吴大学堂孙乐文君函悉：贵校发给毕业文凭，极愿参观，惟公冗不克前来，已电请毛学司届时代表奉诣，特先电闻。方号印。

---

① 甄陶：本义为烧制陶器，后常用来比喻培养造就人才。扬雄《法言·先知》："甄陶天下者，其在和乎？"
② 传统书信中的敬辞书写方式，文末不具名，另外附名片。以"名正肃"表示对尊长的尊敬。后面的"名另肃"也是相同的用法。

江苏巡抚陆钟琦

谨复者：

久钦道范，未接光仪，辱荷宠招，备承藻饰，感愧感愧！鄙人承乏兹土，常恐教育未能普及，民智未能渐开，夙夜系心。承贵教士等乐育为怀，不分畛域，八年之功，成于一旦，教习诸生，鱼鱼雅雅①，荟萃一堂，鄙人得预斯盛，感幸何如！乃因枭匪猖獗，方筹缉捕，羽电交驰，不遑昕夕，届时诚恐未能亲临，祈向诸教习代道感忱，并语诸生：光阴有限，学问无穷，利禄之事，勿系胸襟，君亲之恩，常怀报答，日新又新，力求根柢，酬师长之提撕②，全学堂之名誉。是则鄙人之所深祝厚望无穷者也。肃此奉复，并达谢忱。顺颂台祺。

（名正肃）

---

① 鱼鱼雅雅：形容车驾前行时威仪整肃的样子。语出韩愈《元和圣德诗》："驾龙十二，鱼鱼雅雅。"

② 提撕：提携、耳提面命的意思。语出《诗经·大雅·抑》："匪面命之，言提其耳。"郑玄笺："我非但对面语之，亲提撕其耳。"

江苏布政司使陈启泰

敬复者：

顷奉赐函，如聆巽语①，就念化隆，作育教思，无穷无任。钦仰承示贵学堂念六日初次毕业，发给文凭，届时自当躬诣学界，以观厥成，先此布复。顺请台安，不备。

（名另肃）

江苏粮储道惠纶

敬复者：

接展台函，承示本月廿六日为贵校第一次毕业诸生发给文凭之期，嘱即躬诣观光等由具征。文明有效，欧化灌输，祗聆之余，不胜佩仰。惟近日正值验米匆忙之际，且鄙人于学务，诸多未谙，若贸然与于斯役，转劳诸君子加一周旋，于贵校实无丝毫裨益，是以届期不克前来，非敢故逊，尚祈谅之。泐此奉复。顺颂大安。

（名另具）

---

① 巽语：恭顺赞许的话。语出《论语·子罕》："巽与之言，能无说乎？"

苏松太兵备道梁如浩

敬复者：

顷诵来函，备纫雅谊。贵校规模宏大，教育完全，久深钦仰。兹届毕业，重荷嘉招，极应趋赴，乐观盛典。惟适值开印伊始①，公务纷繁，不克抽开，尚希鉴谅为幸。专复。顺颂日祉。

（名正肃）

元和县魏诗铨

敬覆者：

顷奉华函，藉念二十六日为贵校正科毕业初次给凭，诚盛事也。以乐文先生海外文豪、吴中学范，同仁一视，艳桃李于门墙，著述千秋，导骥骐之先路，企仪霱采②，曷切瞻依。弟守土鸿城，躬逢胜典，届期自当趋前观礼，藉沐

---

① 开印伊始：旧时官府于旧历年底封印，次年正月开封用印，照常办事。由此可知东吴大学首届毕业生沈伯甫的毕业典礼在正月廿六日（1908年2月27日）。校史资料有1907年、1908年二说，究其实，其毕业在1907年，以毕业典礼算则在1908年。

② 霱采：旧时书信中常用的祝词、贺语，如"敬维勋祉驻蕃，政献骏著，引瞻霱采"。原义为如天上的五彩祥云一般美丽动人。

陶镕，雅蒙惠招，合先订覆。敬候日祉，统祈亮照，不一。

（名正肃）

本大学与上海圣约翰大学有国文辩论联合会①，藉是习练口辨，亦以储将来折冲坛坫之才也。每年会辨一次，约在五月内举行，地主则两校轮流。先三个月，由主校拟定题目，寄示对方。题旨须具正、反两意，俾双

---

① 东吴大学注重学生演说、辩论的能力，渊源已久。《1910年东吴大学英文年刊》在介绍大学社团时就提及辩论社，其中有曰："There are two Literary Societies in the University, the Philosophic and the Dialectic, and each student is a member of one or the other. The meetings are held on Monday morning, when two hours are given to debates in English, and to orations, declamations and essays in either English or Chinese. The training thus gained is proving very profitable to the members. Several times each term the societies have a joint debate, to which the members may invite their friends."（译文："大学里有哲学社和辩论社两个社团，每个学生都是其中一个社团的成员。每星期一上午举行会议，在两小时会议期间，社员用英语进行辩论，用英文或中文发表演说、宣言和论文。这样的训练对社团成员是十分有益的。社团每学期会举行几次联合辩论，会员可以邀请他们的朋友参加。"）《1922年东吴年刊》专列《雄辩清谈》栏目，介绍了丽泽会（成立于1908年）、竞智会、正名会、明强会、昌言会、立诚会等六个学生组织的辩论社团。在此选录其中对立诚会的介绍，其中有曰："吾立诚会，固东吴声誉美满之辩论会也。会之成立，虽未满一载，而成绩斐然，此无他，以人才多而已。每当开会时，辄见一般青年子弟，皆怀抱苏、张之才，或以辩论擅长，或以演说出众，无不口若悬河，声如洪钟，而使人倾听起敬者。至若会中精神之活泼，秩序之整齐，犹余事也。今届会员已八九十人，洵不可云不盛。所望者，此后吾同人，去自满之气，努力前进，与日俱新，吾立诚会将来之发达，正未可量焉。"

方均能发挥。① 正面、反面，先听对方认定，认定之后，各即选派代表三人，着手预备。将届辩论时，须延请评判者三人，顾其人，必为双方同意、所认可。故事前必由主校先多拟几人，开单寄示对方，听凭选定寄回，然后再由主校具函邀请。从民国三年（西历一千九百十四年）起，至民国十一年（西历一千九百二十二年）止，除中间曾因事停办一次，前后共办七次。第一年，本校代表潘慎明②、徐景韩③、邵桐轩；第二年，本校代表徐景韩、高践四、邵桐轩；第三年，本校代表陈调夫、王怀仁、陆季清；第七年，本校代表李兢渊、张师竹、沈体

---

① 据《1918年东吴英文年刊》记载，1914—1917年的辩论题目分别是："Foreign loans will do more good to present-day China than harm."（译文：外国贷款对当今中国的好处利大于弊。）"A victory of the Allies will be better for China than the success of the Central powers."（译文：对中国来说，协约国的胜利比同盟国的成功更好。）"In present-day China the moral question is more urgent than the economic question."（译文：当今中国道德问题比经济问题更紧迫。）"To build railways is more urgent in presengt-day China than to reorganize the army and the navy."（译文：当今中国修建铁路比组建陆军和海军更紧迫。）这些论题都是紧密结合时事和社会热点问题的。
② 潘慎明，江苏吴县（今苏州）人，毕业于东吴大学，获理学学士，留学美国芝加哥大学，获理科硕士，归国后曾担任东吴大学教务长。
③ 徐景韩，江苏吴县（今苏州）人。在东吴大学获得理学学士、理科硕士，留学美国芝加哥大学，获理科硕士，归国后在东吴大学担任化学系教授。

兰。先后夺得锦标四次①。统观开始时，接连三年，均系本校获胜。嗣是以后，又接连三年均系对方获胜。至第七年，则本校又奏凯而旋。此如运动决赛，在胜负各半之下，最后疾驰，本校卒崭然出人一头地，故当时曾开庆祝大会，以资鼓励云。

1916年辩论夺锦标，图录自《1918年东吴英文年刊》

① 参赛的辩手李兢渊在他所作白话诗《喜笑怒骂·其一》中说到了东吴大学辩论夺得锦标一事，其中有曰："演说运动，常夺锦标，败既不馁，胜亦不骄，这种学生，真是可喜。翻书阅报，好像用功，一经考问，不知西东，这种学生，真是可笑。集会讨论，立党相倾，与人不睦，造人假信，这种学生，真是可怒。体操运动，不尽所能，追问号数，乱说害人，这种学生，真是可骂。"

第三编：志成绩

丽泽会

竞智会

正名会

昌言会

第三编：志成绩

明强会

立诚会

东吴大学主要辩论会成员合影，图录自《1922年东吴年刊》

徐景韩

沈体兰

东吴大学主要辩论会成员徐景韩、沈体兰肖像，
图录自《1922年东吴年刊》

辩论比赛锦标获得者：李兢渊、张师竹、沈体兰，图录自《1922年东吴年刊》

本校体育对外之竞争，前有南洋、约翰、金陵、沪江、之江及本校，东方六大学之联合组织田径赛、足球赛，每年汇比一次，以各显身手。时南洋、约翰学生较多，易于选练，故每赛均占优胜。而本校自司马德先生来后，竭力提倡习练，故在六大学时代，田径赛、足球赛、网球赛各得锦标一次。近年，东南、复旦加入，又成八大学之新联合。民国十一年（西历一千九百二十二年），在金陵比田径赛，本校以四十二分又得锦标一次，且个人首奖亦为本校代表李骏耀①,独得十五分②。忆本校初创时,暂由罗格思先生任兵操教习。二年之后,即由司马德先生专任体育,规划一切,均与别项科学一体注重。至先生故后,聂显先生以助理而升主任,萧规曹随,未尝或怠。最奇者,某年秋季,往南洋足球锦标比赛时,本校球员雇一小快船,载铺盖、行李上火车,船泊水门外,甫欲解维,不知何因,舟子一不慎,船身一侧,铺盖、行李欹倾一面,连船侧翻,尽入水中,余戏谓之曰:"破釜沈舟,此必胜之兆也。"既而果然。亦一佳话矣。

---

① 李骏耀,李伯莲三子(李政道堂叔),1924年毕业于东吴大学,曾代表我国参加远东运动会,并取得良好成绩。另外,李伯莲长子李骏惠1912年毕业于东吴大学化学系;四子李俊宝1927年也毕业于东吴大学。

② 据《1922年东吴年刊》报道本年度八大校田径运动会夺得锦标曰:"东吴田径赛队以不屈不挠之精神,负华东之重望久矣。近来成绩,经前教练司马德先生之热心指示,与各队含辛茹苦之实习,已驾南洋、约翰而上之。去春八大学竞赛,吾校居第二位;远东运动会举行于沪,本队队员于运动场上代表中国者计四人。今春八大学运动会举行于秣陵,红黑色运动员已夺得锦标归矣。"本年度春季的八校田径运动会,各校的得分情况为:东吴大学41分、复旦大学33分、南洋大学30分、圣约翰大学17分、沪江大学13分、金陵大学8分、东南大学1分、之江大学0分。个人得分最高的为东吴大学的李骏耀(Lee Tsing Yao),得16分。

足球队

网球队

田径赛队

棒球队

以上图片录自《1922年东吴年刊》

第三编：志成绩

田径赛队凯旋盛况，图录自《1922年东吴年刊》

东吴六志

东吴大学兵操场景,图录自《1922年东吴年刊》

东吴六志

东吴大学兵操场景,图录自《1922年东吴年刊》

东吴六志

东吴大学兵操场景,图录自《1922年东吴年刊》

本校学年起讫，初创时，沿旧教育时代之习惯，由年初至年底为一学年。继以诸多不便，且国家亦已停止科举，改办学校。多有仿照欧美学制、日本学制，以暑假为学期终止者，学生毕业、教员进退，都在此时作一大结束，九月开校，则为一学年之起点，法至善也。故本校于民国二年（西历一千九百十三年）更易学年起讫。事前先行商决，将本年春季学期变通常例，更订课程。其法一方于每星期略加授课时间；一方暑假略迟，俾学期加长三星期。在此一学期中，读完一学年之课程，于阳历七月十五日，举行第一次暑假毕业典礼。此次大学毕业者有钱保和、陆志韦[①]、程人俊、程人杰、俞恩嗣、王正德、马润卿等七人；中学毕业者有裴冠西等十四人。此次毕业之生，就学费而言，便宜半年；就学业而言，吃亏半年。故有人谓为便宜，有人谓为吃亏，不知究竟如何。

本校大学科向章四年毕业，给以学士文凭、学位。至民国七年（西历一千九百十八年），因教育部之改章，华东各教会大学之协议，本校亦顺应时势之趋向，加大学修业

---

① 陆志韦（1894—1970），又名陆保琦，浙江吴兴（今湖州）人，著名语言学家、心理学家、教育家、诗人。1913年毕业于东吴大学。后赴美国芝加哥大学心理学系留学，获哲学博士学位。回国后历任南京高等师范学校、国立东南大学、燕京大学教授。1952年调入中国科学院语言研究所。代表作有《证广韵五十一声类》《三四等及所谓"喻化"》《说文广韵中间声类转变的大势》等。

期限为五年，惟前二年为预科，后三年为本科。预科毕业，先给证书；本科毕业，再给文凭、学位。此次又变通前订规程，权将原有之大学一二三三级，作为新制之本科一二三三级。又将中学四年级中之分数及格而能升级者，升入预科；二年级分数不及格应行留级者，作为预科一年级；再就中学三年级中，择成绩优异之八人，准令超升预科。一年级如此分配，当时颇觉平允，故学生亦一律乐从也。

民国十二年（西历一千九百二十三年），各地学校都改行三三四新制①，惟大学虽改四年，实际上不重年级，总以读完一百六十学分为毕业之规定②，以故大多数学生总在暑假毕业，间有在寒假毕业之生，但给予文凭、学位，仍须俟至暑假时，一并办理。

---

① 三三四制：又称壬戌学制。1922年11月，北洋政府颁布的《学校系统改革案》中规定的新学制。对各级学校的修业年限做了新的规定：初等教育6年，中等教育6年（初级中学3年、高级中学3年），高等教育（专门学校）3年，高等教育（大学）4年。

② 《1928年私立东吴大学文理学院一览》之《毕业所需学分总数及学分之支配》中规定："各科课程均以学分计核，每学期（十八星期）每周三小时之工作为一学分。此三小时可分配如下：上课一小时，自修二小时为一学分；或试验室工作二小时，自修一小时为一学分；或试验室工作三小时而无自修亦为一学分。学生毕业须修毕一百三十八学分，而其总平均成绩须在三·五或三·五以上。此一百三十八学分分配如下：（一）普通必修课：四十六学分；（二）主科：二十四学分（至少数）；（三）副科：十四学分（至少数）；（四）文理科必修课（见第十一页课程支配概略章）；（五）选修课。此项规定已于民国十六年秋季起实行。"

一九二二年级文科生

一九二二年级法科生

第三编：志成绩

一九二二年级理科生——生物

一九二二年级理科生——理化

1922年级各科学生，图录自《1922年东吴年刊》

附录
黄慕庵先生所作孙先生遗志集资平借助学缘起

天下事之至可惜、情之至可闵者,莫如有才而无成、有心而无力。天下功德之最大者,莫如成人之美、拯人之急。故乐育之惠,胜于馈贫粮;培才之效,神于肉枯骨。盖天之生材无炎凉,而人之处境有丰啬。今教育虽云普及,然贫不能就学者,十之三四焉;就学而不能卒业者,十之五六焉。非其材之罪,而贫累之也。虽志堪十驾而囊涩一钱,则有正发轫而废于中途,或成山而亏以一篑,此不独一人之不幸,而实为全国培植人才之一大缺陷也。欧美文明各国,则有补救之法。热心有力者,每预集巨资,仅取薄息,专贷贫生,助其向学,学成已有进益,始量力清偿。故寒畯无向隅之人,荜门多成名之士。中国今日尚无此盛举。以全国计,贫富参半,则失学者去其半矣;贫者不必尽愚,富者不必尽智,则学不成者,又去其半矣。虽百年不能普及也已。故东吴学堂监院孙君,为教育名家,成绩共知,无庸赘述。设学多年,及门中每遇寒素,辄曲意成全。然乘舆之济①,势难遍及,焦思积虑,欲于中国亦仿行此举。粗定章程,未及发表,而遽归道山。易箦②时,谆属某等,必继其遗志。凡在亲交,已多赞成,惟是杜陵广厦,非一木能成,白傅大裘,须千狐同缀。为此,略陈大旨,上浼高贤,资以侠肠,共成闳愿。无论醴泉芝草,白版每出英奇,须知木本水源,青年莫非子弟。诸君素明乎以义为利,当无惮于解囊。中国所乏者,非财而才。可取喻于树木,俾济济多士,幽谷生春。即冥冥有灵,九京戴德,不胜呼吁。

---

① 乘舆之济:典出《孟子·离娄章句下》"子产听郑国之政,以其乘舆(yú)济人于溱(zhēn)洧(wěi)。孟子曰:'惠而不知为政……'"。
② 易箦:人临死时。

附录
黄慕庵先生所作为樊提学拒绝教会学堂学生致各教会学堂联合抗争书

圣主垂裳,贤王负扆。国家百度维新,既行地方选举,立自治之基础,更饬教育普及,树文明之先声。凡属国民,固莫不享此权利,邀此幸福矣。乃闻有教会学堂之学生无选举权,及教会学堂学部不认可之说,更属道路谣传,妄加逆亿,有识者断不深信。岂意今岁有东吴学堂毕业生某,向本省学堂投考,为樊提学所拒,谓教会学堂文凭,不能与他学堂一例准行。异哉!其反对教会乎?抑以教会学堂之教育,为全无价值乎?然则传问之说,不尽无因,而吾教会之前途,大有可危。此中有种种疑义,不能不与诸君一熟虑之。夫中国之有学堂也,实以教会为创首。即从前国家所设同文馆、广方言馆、制造局等,所聘教员,有名者大半为教会中人。而近年所遣出洋留学之学堂,亦多为教会所设。若新立各官学堂,其西教员之十九为教会中人者,更无论矣。乃前日则惟迎之,而今日则拒斥之;留学则崇拜之,而内地则菲薄之。此其不可解者一也。教会自宣宗教,学堂自求学问,二者绝不相妨也。学生之就学于学堂，为学问，而非为宗教也。即学生而为教会中人，亦与学问何损？况本非教会中人，而因其入教会学堂，即屏之不齿。此又不可解者一也。如曰教学会堂之学问不完善也，则但当考验其学问之优劣而进退之，不应借口教会，而一概抹煞也。如曰教会学堂之章则、课目，与国定者不合也，则事前固未有明文宣告，临时亦未曾细意比较。且学部之教程、教科，至今尚未有一定方式，令人可确然遵守。而东、西洋留学之学堂，及内地各学堂，其卒业而登进者，其规则、程度，果尽合学部范围而毫无出入乎？且以东吴学堂论，其西学则一准美国高等学堂，其中学亦略遵学部假定之章程，而斟酌用之。今不问其善否，不问其合否，而但以教会而拒绝之。此又不可解者一也。旧日应举之功令至严，凡身家不清，及有刑、伤、过、犯者，则不准应试。而教会中人无预焉，就学于教会者更无预焉。今学堂之取士已渐宽矣，而独苛待教会，其将以教会与倡优、隶卒及罪犯等视乎？且应试者，但问本人之身家与品行，而初不问其就学之人。今则本非教会中人，因学于教会而屏斥之，则是视吾教会，将更不如倡优、隶卒及罪犯乎？而吾教会其甘之乎？此又不可解者一也。其或以教会为西教而歧视之乎？则已与国家条约违背矣。况教会中人，非尽西人也；受学教会之人，更非尽教会中人也。即使西人受学中国，卒业而得文凭，亦不容歧视也。乃以受学于教会，而剥夺其国民之权利、学生之资格。其故又安在？此又不可解者一也。虽然，我辈皆中国国民也，国民之权利，当由国民自争之政府。虽歧视吾辈，吾辈仍不可失其国民之分际，而张大此问题也。若张大此问题，则吾辈因在教会，而丧其国民之资格，且使不在教会之人，又因受学于教会，而亦丧其国民之资格。西人闻之，必愀然不安、愤然不平，而诘难于政府，则将生国际交涉。此非为国民者所忍出此也。但如上云云，前之关系非细，亦有断不能默尔而息者。故愿联合各地教会学堂，共派代表人，将以上种种疑问，联名具禀学部，恳其一视同仁，毋使向隅，则幸甚。鄙人虽昧于教育，然亦为真教之一分子，又为国民之一分子，实有见于此举之万万不可少。故不惮多事，而与诸君子悉心商榷也。

第四编：志师资

本校第一校长孙乐文先生，在华事业，已详嵇绍周先生所撰传状中，无俟余之赘言矣。惟十年共事，尤有心折之处，不能不表而出之，以告世之例视西人者。

我国自甲午以后，一般浮薄子弟，自号维新，每托自由、平等之说，逾闲荡检，莫可究诘，以故不伦不类之事，时有所闻。先生尝谓："此种谬说，西国所无。"故其训诫学生，恒谆谆以爱亲敬长为当务之急，并谓人："无论对家庭、对社会，若能事事自由，却事事不有自由之裂痕显出，方得谓之真自由。"又以学生之视中西间有轻重之见，故学生有不率教时，苟其事属西国教习先生，从未加以干涉；如对于本国教习先生，必设法劝惩，至师道伸张而后已。

先生固美国人，然与我国人晋接周旋，确无国际畛域。无论校中教职员、学生或外界人士，语及求学一事，必谆谆谓："地球面上无论何国欲图自强，其间重要关系，全在精究本国之学术，从未见有放弃本国学术，而其国得以兴盛者。今我以西学相饷，不过欲中国青年于本国学术外，得有互相考证之可能，免除中外隔膜而已。事有本末，功有体用，能勿误认，庶乎近之。"

忆余昔任国文课时，有学生某天分颇高，惜其自恃聪明，时或露出不率教的态度，曾经先生严饬。顾事后，先生潜阅余所给该生之学分，仍列优等，乃语人曰："某人不念旧恶，度量不窄，较之心有不慊，不肯明正，其谬而暗扣学分者，不可同日语也。"噫！先生之观人如是，诚有心人哉！

先生平日对于我国史事，勤加研究。以编年、纪事各史之文义渊雅，较难了解，因择白话体之历史演义，如《三国志》《东周列国志》等，倩人伴阅，认为常课，寒暑无间。昨检两书，得见手泽，盖先生于此两书反复熟玩。书中每页上额空白内，时用英文细字，自加标语。此足见先生留心于我国史事，确有心得，非徒涉猎而已也。

本大学第三次毕业之杨君惠庆，从先生游最久。其于先生逝世后三周纪念演讲先生之遗爱，谓先生有四大教育主义。一曰高尚教育。先生之诲人不倦，不特使学生有学问上之进步，并能养成学生高尚之德性。二曰保存国粹教育。先生设学，首重国文。尝谓："中国学生当首取祖国固有之国粹，发挥之、光大之，不应专习西文，置国本于不顾。"三曰严肃教育。先生虽崇尚自由、平等，然鉴于学生时有误会自由、平等之说，以致乖谬叠出，因是悆焉伤之，训练上严加矫正。尝谓："学生在校时不能服从师长，将来出校后，必不能服从法律。操教育权者，当纳学生于真自由、真平等之域，随时指示，俾获遵循。吾人须负全责也。"四曰模范教育。从前在校时，所听受之各项功课，至今日已强半遗忘，惟先生平日之教授精神，历久常在心目中。以先生事事皆整躬饬物，示之模范，是故望之俨然，即之蔼然，一想象而音容如在。以此信先生人格上之影响，其入人为至深也。

嵇绍周所作《东吴大学校监孙公传》，刊于1913年4月1日出版的《东方杂志》第九卷第十号上。

东吴六志

附录
嵇绍周先生所撰传状全文①

孙公以美洲华胄,航海东渡,敬教劝学,大造三吴。于宣统辛亥岁二月既望,卒于位,距生之岁,春秋六十有三。

嗟嗟!广厦初奠,大星遽殒,不慭一老②,若丧二天。悲夫!夫人汤氏,系华圣顿血统。有丈夫子三:长某,次某,次某,女公子一。考公世系,与前代英皇爱德华氏为连宗,玉牒金绳③,雍容华贵。而晚年复邀美政府殊荣,宠锡神学博士,职衔名望张甚。兹仍系以东吴监院者重之也。矧我公箕尾寒芒④,至今临之,可以无称乎?昔汉鲁峻⑤官

---

① 嵇绍周所作《东吴大学校监院孙公传》,原刊于1913年4月1日出版的《东方杂志》第九卷第十号上。
② 不慭一老:又写作"不慭一老",古代对大臣逝世表示哀悼之辞。典出《诗经·小雅·十月之交》:"不慭遗一老,俾守我王。"
③ 玉牒金绳:在这里用以指孙乐文有英国皇家血统。
④ 箕尾:典出《庄子·大宗师》,"傅说得之,以相武丁,奄有天下,乘东维,骑箕尾,而比于列星"。后常用来指人去世升天。
⑤ 鲁峻,字仲严,昌邑(今属山东省)人,东汉官吏、学者。专治《鲁诗》《颜氏春秋》,初举孝廉,累官至屯骑校尉。

终屯骑校尉，而志墓乃称司隶；冯绲①官终廷尉，而志墓仍系车骑，推斯例耳。

公讳乐文，字从周，姓安达生氏，从汉俗，改姓孙。大美国南加利罗那省夏山镇人，为世望族。美洲木绵之利，甲于世界，及公父，遂为是业大商家。公幼而歧嶷。年未冠，已崭然露头角。伊父将就本业，养成公为商界中杰出人物，故公兼精计学，了然于理财。"为强国张本，国殖丰歉，即一国存亡关键。法国十八世纪末之大革命，即造因于路易十四之竭泽而渔；西班牙之一蹶不再振，实受病于西政府财源之坐涸；中国岁入不足抵纽约一市府，而币制腐败，尤达极点，何以为国？"尝为诸生太息言之。其修绠殆获于是。特公所注意者，乃总一国一世界，计之个人丰殖，所不屑也。公每自喻曰："吾生十六七时，即举完全身心，献奉上帝。将为上帝干仆而壹是。上帝觉世牖民，同仁一视之学问，断不可不实地试验。从此识得一切对于人类应有尽有之救法，于是暂弃弓冶②专家之学。"肄业于华圣顿李大学。先是，南北美黑奴问题之战，大将军洛伴脱

---

① 冯绲，字鸿卿，巴郡宕渠（今四川渠县）人，东汉名将。历官河南尹、廷尉、车骑将军等职，多次受宦官诬陷，最后终老于家。

② 弓冶：指祖上的事业或职业。典出《礼记·学记》："良冶之子，必学为裘；良弓之子，必学为箕。"

李公实统戎旃①。及主帅凯旋，将军有鉴于世界人类同为上帝子，今以种族问题故，甘为灭绝人理之行，犹以宗子而杀别子也，不仁孰甚。因建大学于首善之区，冀养成一般拥护人道之学者，为他日救世军之元戎②，而公即斯校之首座也。将军神采风度，括肃宏深，一一印入公之神经中。故吾曹今日挹公雅量，宛若故李将军犹在天壤。而此日得以完全品学谷我青年，推先河后海③之义，斯校其星宿海欤！毕业时，公年极少，将军器公甚，即荐为哀的莱打城日报馆典籍。本馆为美国南省报界领袖，公以初出山时，即得此席，殊非易易云。无何，公以圣灵指示，自觉现前所处地位，不克展福音宣导使之骥足，因决弃此席，舍身为福音使者。第年俸所入，仅占典籍时十分之一（全年一百二十五金元），重以鞅掌教务，况瘁殊甚。友人悯其劳，特赠一马以代步，而刍牧所费，适与年俸相消。然公以为上帝服役，故薪金固不暇计也。嗣后，壹志传道，教邮直抵北佐治省。该省监理会极诚欢迎，共举为本会书记。未

---

① 戎旃：本义是军旗，代指战争。典出《文选》谢朓《拜中军记室辞隋王笺》："契阔戎旃，从容讌语。"李周翰注："戎，兵；旃，旌也。"

② 元戎：大军，主力军。典出《史记·三王世家》："虚御府之藏以赏元戎，开禁仓以振贫穷。"

③ 先河后海：比喻为学应分清源流轻重。典出《礼记·学记》："三王之祭川也，皆先河而后海，或源也，或委也，此之谓务本。"

几，即由某地牧师，被举为特郎迦循环长老司。识者为微公道德学术，超越等伦，鲜克膺斯职也。

时公研精世界史，耳熟中国社会之黑暗，几似盲目潭鱼，长此终古，而一般醉生梦死，日即泥犁①者，则又载胥及溺②，无力自拔脱。微入地狱救众生之大悲智家，振发聋之铎，赉涸鲋之波，俾聆钧天乐，登普渡筏，二十余省之同胞，不将共登鬼箓？而黑潮、毒雾，震荡全洲，世界且被其影响，掀起一大波澜乎？乃对上帝宣誓曰："吾亦黑暗子民之成光明者也，吾当鉴过去之黑暗，导彼未来之光明。"

于是，遂于一千八百八十二年，挈夫人汤氏，航大西洋海，迁道来华。是行也，执友柏乐文君实与之偕。益友贤妻，同舟共济，海天一碧，相对泛澜。盖虽所业殊科，而各抱救灾恤邻大道，为公之义，有如此水矣！此光绪八年间也。

抵华后，即任上海南翔堂牧师。越二年，迁为苏州宫巷牧师，寻升为苏州循环长老司。入此岁来，公遂视苏州

---

① 泥犁：指地狱，梵文的音译词。
② 载胥及溺：相继沉溺。语出《诗经·大雅·桑柔》："其何能淑，载胥及溺。"

为第二之故乡,而播道济世之心,倍形孟晋①,同会教友,仰若明星。李提摩太君称公为传道队之前锋,洵不诬也。然公于一方面传教,一方面则研几中国人品性、习尚,及向者受病之原,熟筹一相当之救法。盖灼知我国人心漓、风俗偷,影响所被,举国为弱虫,无复有康强逢吉之一日,固由于无道德,亦由于失教育。而道德观念之发生,必以在教青年为原动力,而原动力之发展,尤在养成多数完全教育之青年。因于一千八百九十五年十一月十八日,创设中西书院于宫巷,而自任为总教授。因材设教,凡诱掖奖劝,无不至当。拥座宣讲时,诸生环而听之,若狮子吼,若大海潮,最能刺戟学者之脑气。而反复开陈,尤长于讽喻,任奏一义,必求会通,能使听者怡然理顺,如释春冰,味妙于回,如啖谏果②。缘是,吾国缙绅缝掖之士,有以知公之不第为世界大宗教家,且为大教育家。

及一千八百九十八年,南监理会欲令教育事业长有进步,因与总会派查中国教会之书记来姆孛斯博士③商设高等

---

① 孟晋:积极努力、认真进取。班固《幽通赋》:"盍孟晋以迨群兮,辰倏忽其不再。"《文选》李善注:"孟,勉也;晋,进也。"
② 谏果:橄榄的别名。
③ 来姆孛斯博士,即中国南方卫理公会的传教士委员会秘书长 Dr. W. R. Lambuth(蓝华德)。

学校于姑胥，为进行大学之引擎。监理会以掌院一席关系绝巨，特遴派学务部委办员数人，俾互主选政，而孙公实当选。虽然，我公则隐忧，窃叹曰："世界之进化，无止境者也，欲望中国文化与世界各国立于同等之地位，非共同进行不可。而与为无止境者，教育也。现前中国教育极幼稚，即出洋游学之士，亦能获完全之科学，而乘风破浪，寥落寡俦。国粹、欧化，尤难兼顾，区区中西书院之能力，其不能比邓林之杖、鲁阳之戈也明矣。况南监理会之在中国，尚未设有大学堂乎？"公乃投袂而起，传檄遐迩，声明欲就本城中建树一分科大学，为公会增无量荣光、中国造无量幸福计。而美国监理会在华宣道之士，遂以一千八百九十九年，大会于江苏省城，咸就公所提议之教育问题相商榷，拟先设文学、医学、圣道学三院，以副公意。是年冬，复大会于苏关，主是会者，为美国驻沪领事古纳君，继经李、林两君演说，举所提议者，审诸在座官绅，咸允赞助。果于数月中捐集二万元。翌年，公劝捐赴美，适值欧耳林城大会之机会，暨惠、盖两监督之赞议，立捐美金五万余元，合以在华所得不下八万金。遂拓博习书院后路之基地五十余亩，创建一宏大之学校，颜之曰"东吴大学"。公即本校第一发起人，亦即本校第一掌院。此光绪二十七年事也。

自公经始斯校后，教员之遴选，课程之厘订，斋舍、膳堂之添置，藏书楼、试验室之内容完备，颇有日不暇给之势。规模宏远，课厥成绩，与美国各科大学抗手，而便利且突过之。伟矣哉！以公之能力，足以吞吐此东吴大学，而三千太学，争拜康成。其一行一言、一颦一笑在在，能摄学者之精神感化于不自知，将所谓烟士皮理纯①者，非耶。

① 烟士皮理纯：旧时对英文单词 inspiration（灵感）的音译。

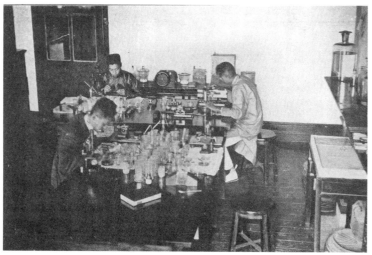

东吴大学实验室内景,图录自《1922年东吴年刊》

然公固以史学专其家，且任世界史教授之一席者也。乌可以无述？窃闻公之讲授史学也，不事寻章摘句与夫枝枝节节而为之者。每授一课，其本文不过引作提纲，而敷佐之理论及故实类，上下古今以求之，若长江大河之进行，直挟溃污泥沙而俱下。反而求之，仍直捷了当，沿革源流，厘如指掌。抑举一事而万有毕贯，明一理而万殊皆准。顾公日夕注意者，我国现今立于世界之地位也，故讲授世界史，必以中国为重心。任举一国，微论其国之为强为弱、为贫为富、为先进为后起、为继绝为新兴，立言之下，要皆与中国作反照正照、横看侧看、直接间接之比例。如王者诏修一代礼乐制度，必网罗百国之宝书、三代之律令，长弟其序，胪以听命。然俾学者可以从求之、衡求之，窥气运之大原。孤神明以深往，有以识中国今日对付世界各国，有何等之缺点；世界各国对于今日中国，当有何等之阴谋，得亟起而繁相当之补救焉。嗟乎！使吾有一日，焉得珥笔于先生旁，举先生之绪言毕录之，固衷然一中国今日完全应用之世界史也。质言之，公实牺牲数十年之特识慧眼、博学鸿议，胪征一泛滥无涯涘之世界史，改造而成一中国推放皆准之世界史。夫以世界各国共有之史，成为中国独有之史者，公之贶也。其如公不我待，二三子又无能为役，何要之公之教育，齎一片敬爱中国之血诚，以倾倒于世界史讲义中者也。年来探察中国之内容益详，故于中国危殆不可救之情势，一一从公脑海中翻腾起伏不已。公惶急甚，冀于死中求生法，而四面楚歌，内外援绝，遂不得不与及门诸子痛哭誓师，借东吴片壤，为张世杰。崖山半壁，拿破苍洋海孤岛之生涯，因敛容正色而告曰："诸生勿徒言爱国，当以身献奉祖国。脱有攘汝国权利、汝土地者，当出死力以卫之。"因历举奥人之御土耳其、荷兰人之敌西班牙，国存俱存、国亡俱亡之慷慨史以相证。见事势益不可为，则握拳抵案而起，曰："汝等他日不可不为中国死。"而诸生中犹有归咎于官吏者，复警告之曰："汝等勿咎官吏之腐败。所谓官吏者，非来自田间者乎？人民不腐败，官吏何由腐败？诸君不腐败，则一国人民不腐败，官吏更何所用其腐败？"

虽然，公亦知现前校中所养成者，乃属至少数，而程度不齐，能与于大道者尤寡。若非筹措经费，极力扩充，多聘教员，乐育英才多广，东吴教育，于中国无当也。于是，亚风墨雨，托钵天涯，以祖国告籴之谋，作包胥秦庭之泣。其为我国求援也，务全国体，不曰"以华人例美人，谬以千里，待泽孔殷宜援手"，而曰"以中国视美国，未达一间，与人为善宜援手"。其保护我国名誉也，如是其挚。殆即救主爱人，如己之意，而道德之夐无以尚，可知也。

虽然，德修则谤至，道高则毁来。昔陆放翁值金戈铁马之会，梦寐中原，考亭称其"能太高、迹太近"，遂不免为有力者所持。以观于公，殆有然者。盖公创业未半，即有心害其能，而以蜚语中之者，以谓教会之有学堂，不过副产，而孙公之教育事业，可谓指大于臂；教育之丽宗教，不过代价，而孙公之教育主义，未免舍己芸人。听之者亦以其迹太近而疑之，遂举数年来两度返国之运动，半投之大西洋之尾闾①，而五万金中，大学课堂之经营，亦不免有慰情胜无之感喟。功名画地饼，岁月下江船，蹉跎蹉跎，髀肉生矣！公其如碧眼虬髯之臧仓何哉？不知公所怀抱之主义，乃均产主义、社会主义、世界主义，有取于最大多数、最大之幸福者也。故极佩孔子"四海之内皆兄弟也"一语，复为之进一解曰："四海内外皆为兄弟云，以谓无论一国一民族之立于世界，即与世界有密切之关系。……然吾诚不愿中国不自振，致为世界诟病。启各国划疆劳治之渐，故力劝华人急求自治之术，且深愿以教育上之效能为补助。"自治之成分，公于讲授世界过去史时，最为沉痛，语语直刺入中国学生之脑髓者。即希腊、罗马、克拉赛其、波兰

---

① 尾闾：古代传说中海水所归之处，这里指大海。语出《庄子·秋水》："万川归之，不知何时止而不盈；尾闾泄之，不知何时已而不虚。"

等国之灭亡理由是也。罗马共和之亡,尤是为中国立竿取影。故公讲罗马史时,恒惨然曰:"奴隶不可无主以管理之。彼罗马人者,或为情欲之奴隶,或为财产之奴隶,不克自主也。但无为之主者,彼尚嚚嚚然,以奴隶而戴主人翁之假面。及该撒出,而罗马遂为有形之奴隶矣。"公欲免我国人为奴隶之惨,故凡其力之所能为者,固勿竭也。何论宗教?何论教育?即以教育论,公且谓:"东吴学堂,外人不过为其经始,将来必须贵国人接办。"今则已次第见之施行矣。汉文一科,为中国国粹所系,尤特注重。凡以为中国前途计,将进其文化于世界也。彼浅衷人,又乌乎知之?蜉蝣撼大树①,多见其不自量耳!

且公亦曷尝教育偏重,而置宗教为缓图哉?忆救主在世时,亦以传道施医,广兴教育为宗旨。公之行谊,毋那类是?其望学生智德并进,笃信宗教也,尤胜于人。尝谓之曰:"汝等将来信道,毕业可为教会中主动力,幸自爱。"至晚年,日夕望教会发达,拟筹款建一可容千人以上之大礼堂。一日,李仲覃牧师与公谭及教会事宜,公曰:"如吾将死,而未见教会兴盛,则吾……"语至此,已泪随声下

---

① 蜉蝣撼大树:比喻不自量力。语出韩愈《调张籍》诗:"蚍蜉撼大树,可笑不自量。"

矣。推公宣扬正教之心，将使日光所照，无不见宗门仪制之横陈；空气所及，无不为天路福音所洋溢，可断言也。至于教育，盖亦宗教中应有之教育耳。不然，何以本校各级科学，浅深繁简，程序各异，惟道德一门为通校必修科，而圣道科课程且占本校之最重部分，冀以造成合乎时劳之牧师耶！特我公之心，非但以后教育将归华人接办，即教会事业，亦当归华人经理，此则公笃爱我国之至情高谊，恐难为不知公者谅也。

公见本校学生容有崇拜西人，而转蔑视同族者，因常举外人短处相揭示，为对症发药计，曰："汝等当效西人所长，慎勿转学其所短。华人优点极多，汝等正宜宝贵之、则效之，勿徒自菲薄，致遗外人耻笑。"盖公之爱华人，较甚于别西人，不论在教与否，辄推诚相待。惟深恶西人之为不义者，凡在教西人，如侦悉其不韪，恒设法禁阻，俾不得再莅中土。且公以不谙华事故，窃恨不为华人致办事，多一层间接，即多一重障碍。其实，公于学术上深造所得，于吾国新旧社会情形，历历如数掌上纹。而批评中国史，尤具只眼，尝曰："考中国数千载史乘，常为一治一乱之局。譬诸诸方割据，日寻干戈，迟迟又久，必有统一之君出焉。如始皇之并吞六国是已。然始皇当日之统一，非始皇之力所能统一，良由民苦战争久，姑推之为中原共主，以苏民气,俾为由乱致治之过渡耳。"又曰:"中国数千年来现象,虽漫漫如长夜,然就四百州中内容仔细体验,其实日有进化,使进化之动机一死,则中国当战国时代,即可戛然告终,以一散而不复合故也。它且勿论,以如斯庞然巨物,支体易以分崩,而仍有无量之爱力潋于中,使下之与上萃而不涣,非化成之力,日夜进行体合之用,随时发达其进行之线,或直形、或曲形、或螺旋形,终凝成一脱胎变体之新生命。安至是耶?故诸生但向着进行线,尽力做去,于国家自有神效,勿以吾前次所言,致绝希望。"又曰:"中国人排外之心,夙形强固。就四千余年之长时期观之,虽隐显不常,而此心终属一致。中国自古迄今之有国者,不訾以炎黄血统为世袭,五胡十六国之云扰祸胎,魏武虽为历史上之巨变,然神州共主,仍有所归。惟胡元入主,瓜蔓斯离,今兹建邦,实其苗裔,黄族至此,作虞宾者已二度矣。当初历劫时,以不甘为异族臣民,故纷纷北窜,一支则行遁百粤,一支则逊荒三韩。今日广东人语音,与朝鲜人酷似,要皆当日天荒地老、不臣二姓之遗民也。"公之观察吾国之巨眼,大率类是。每言:"天假我以岁月,俾重草一《中国通史》。又得精通汉文之名宿十余辈,相与商榷而写定之,必可传信。无如愿景汲汲,来日茫茫,慧业不生,孰成鸿业?故文献无征,冥行索涂之苦,吾与二三子尚得同忧共喻，而局外者终将迷茫于念四姓之私乘中，亦酷矣哉！"

今日者，耶路撒冷忽诏修文，金鉴玉书，顿归天上，人间万言书，从此已矣。吾憾天夺我孙公，如是之速，不能举公之德行、道艺，传遍四百州。是死一孙公，不啻使无数青年之自由言论、爱国精神、学术思想、宗教观念之进行，机失其统驭，固我中国之不幸。而亡一孙公，即亡一中国史。不敏如予，又不克成公之志，尤我国之大不幸也。天之丧华若稽，夫谓之何哉？

公当病革时，犹延颈仰课堂，顾其亲属曰："吾工未完也。"其始终为东吴教育计，即始终为中国前途进化计也如是。顾有不可思议之一境，不得不以过来人疑公者。自本学期开校授课，较前益劢，靡晦靡明，从事预备。每日上课竟不挟讲义，但撮书中大纲领，及胸中所欲言之大关目，草书一小方，用备脱略，若恐误及小节目。至縻万金不换之光阴，而一生所蕴之壮思伟论，将不及倾吐于诸生前者。重以今岁本大分设专科，公手自厘订，计划周详，积劳致疾，然仍不肯稍憩，至万不得已，始养疴一日，即抱病上课，并语诸生曰："不幸有病，有误尔等功课，歉甚。"故课罢而病益笃。然一月以前，公固无恙也，即密草遗嘱，饬三公子写定之，来去分明。将不谓之前知得乎？曰：殆即公此心，光光地能预备死所之说也。不然，公固拜上帝、信真理者也，而独有取于孔孟之精言，则吾亦宁以孔孟"知生知死""穷理尽性"，以至于命之说进，不敢以释家因果之理窥公，又何敢以道家解脱之说诬公哉？每见一代伟业人，能了然于生死之故者，则其所以尽己推己、立人达人、因物付物，所谓尽己性、尽人性、尽物性者，必矏然不淬，动与天俱，而一生行谊如四时之运，不失其序，可知也。公起居动作，举有定晷，黎明即秉烛观书，学生从楼上望见一灯荧然，知公已兴，乃先后起。以八下钟前进礼堂，礼毕，升座授业。钟鸣十二下，始返邸。午后，诸课已毕，必参考各课，摒挡校务，至鸣钟四下，方休脱他务间之，不补足不归也。据二公子明甫先生云："仆与老父相处久，卒未见有一日不读《圣经》。案头无他消遣品，稍获余晷，即手一书读之，以此为生平最快心事。又爱恤物力、服御，虽敝，珍重若新制，必躬自藏之。故彰身甚雅饬，宁静寡欲，天君泰然，自奉俭啬，留有余以惠公众。"丁拳乱时，见公膳夫日持菠菜一束进，牧师李仲覃君怪问之，则以无兼味对。即处境奇窘，从未一较量薪俸。自本校创始迄今，所受教会薪金极菲薄，恒藉群公子自营所入，以赡身家，甚且子女入学之费，或待举债，或藉营业，从不闻有一丝一粟沾染公家者。顾转不吝为他人生活计，而于华人一方面周旋尤力。每谓："中西人权利当一律平均。"以旧例，华牧师岁入不逮西士远甚，恐抱内顾，忱于信奉上帝、热忱播道上多一阻力也。抑公自为计，非但不撄心利禄也，即利权本所固有，而名誉间之，亦宁割弃焉。无恤公夫人有应承之家产一份，为族人兼并，时正屡空①，计一讼，即可操胜券，疗贫乏，欲公主其事，公谢曰："予诚贫，然雅不愿以钱产细故，致孙乐文与人争讼之声，喧传新闻纸上。"

其管理学务，一主宽仁，故校中规则，无繁重苛细、强人所难者，每自述宗趣曰："吾待学生皆君子人，令其自别善恶，俾将来能自治、自立脱范。以许多规则，适使之成一机器而已，吾不忍为也。"学生中即有不自爱惜、甘冒不韪者，必屏人婉教之，养其廉耻，即速其悔改。其爱我学生也如是，而即推此以爱中国人，并爱及中国之主权。

---

① 屡空：生活贫困。典出《论语·先进》："回也其庶乎！屡空。"何晏《集解》："言回庶几圣道，虽数空匮而乐在其中。"

第四编：志师资

苏州大学校内孙乐文先生塑像

西人多美须髯，而公双目炯炯，如岩下电，仪表尤伟。忆十年前，公适因事买棹赴某地，探目窗外，延览川原风物。邻舫舟子瞥见之，疑为天神，骇欲死。公归后，深自怨艾，尽落其髯。先是，校事草创，经济竭蹶，如著败絮行荆棘中，窘甚。适有挟单契款公者，拟行贿，以直其讼所值额不赀，公晓之曰："我外人耳，奚能与贵国诉讼事？且子之讼，直耶？曲耶？如直则有有司在，自足以佑子；若曲在子，而妄图幸胜，令外人间之，脱仍不效。子何颜以对贵国人？吾亦何颜以对贵国人？苟胜之，如贵国地方诉讼何如？贵国神圣主权何？"某大惭而去。若是者，于人为奇行，于公为细节。

嵇子曰：孙公固美国伟人也，顾目中国为第二祖国。凡每日祈祷，恒称吾国；在美演说，恒称吾民；甚至家庭偶语，亦不闻以"中国人"三字出诸口，固不啻一中国人也。虽然，吾国那得有此人？适成其为外国人而已。抑吾觇世界人类，虽幸生此二十世纪文化美满之时代，其语言、其思想、其行谊学术，仍与十七八世纪中人无少异，而公则不愧为现世纪最高尚、最优美人物，则非美人，非中人，非各国人，而二十世纪中之完人也。

或问曰：窃闻亭林先生之言矣，碑传文章，非有特别关系，而仅属一人一家之事者，可不作。① 今子乃为他国人作传，得毋许子之不惮烦与？曰：如孙公者，非国界、种界所能域。他日有作《世界伟人列传》者，要当与古之苏格兰、柏拉图、雅里士多德，今之达尔文、斯宾塞、赫胥黎辈，同占一席。矧范氏为金日磾作传也，不已视金氏为汉人与？予不敏，只恐于孙公之志行，择焉不精，语焉不详，有非寻常传记之例所能尽者。姑就中外贤达景慕之望，及诸子平日亲炙所获，仿龙门列传、叙断，并下之笔，为传一通以遗之，储为他日《世界伟人传》之底本云。

国文总教黄摩西先生，讳振元，字慕庵，一字摩西。世居常熟东乡孟村镇。自言："黄氏郡系出琴川东乡，我族乃真土著。今梅李出东市梢里许，有江夏桥，是即千百年前之故址也。"先生自幼失怙，教养咸赖太夫人。入塾读书，过目不忘。十六入泮，有"神童"之誉。诸子百家之

---

① 语出顾炎武《天下郡国利病书》："如事系一人一家，谀墓酬赠之词，即出自名笔，载在通志者，不敢并存，不书政绩。人物亦然，其见存者，不立传，德政碑不录。"

籍，无所不读；九流三教之学，无所不窥。① 受聘任东吴教职，订定国学课程，周密完整。所编《文学史》，通历代而顺序，搜罗内容尤极丰富，洵为参考善本，艺林珍之。性好剧谈，每一开口，即如悬河然，滔滔不竭。若在退课时，忘却上课；若在上课时，忘却退课；有时并饮食、卧息而亦忘之。为文甚精奥巨丽，深人无浅语，洵不诬也。惜甫逾中年，忽患世俗所谓吊脚病（人谓色欲过度所致，未知确否）。初起时，足部之筋短缩牵掣，渐至两足不能履地。不久即自下而上，延及脑筋，失却自然知觉。家人见为疯癫也，送往齐门外疯人医院求诊。讵以看护不周，饮食不调，非但绝无清醒之状，抑且病益加剧。时已秋至，身仅单衣一，若有何愤懑抑郁者，常自向铁栏铁网上猛撞怒突，以致血液满身，体无完肤。（此种情状，当时外人全未之悉，事后传出，闻者咸归咎其家人。）民国二年（西历一千九百十三年）九月之杪，殁于常熟孟村故宅。先数日，院中见其有垂危之状，通知家属领回，即经贸舟，伴送而返。

---

① 1926年东吴大学二十五周年纪念专辑《回渊》载王謇所作《二十五年之东吴》一文中说到黄人的博学："理科而外，复有文科历掌教务者，若国学泰斗余杭章太炎先生炳麟、吴中陈骖诗解元希濂、梁溪嵇健鹤明经长康，以及号为'百科全书'的黄慕庵先生人，皆吾校足以自豪者也。"黄人于1911年主编的《普通百科新大辞典》，是目前国内外学术界公认的中国现代第一部百科全书。

到家仅越一宿。维时年未五十。子一、女一，均夫人出。螟蛉子一，如夫人所抚育。先生著述甚富，因生前不自珍惜，身后又乏人爱护，遗稿虽夥，十九飘零散失，惜哉！

本校开办之第四年（光绪乙巳），西医杨维翰先生介绍锡邑明经嵇长康绍周先生来校教授国学①。时先生年未三十，学问文章，早已驰声江右②。先生别字健鹤，好静默，寡言笑，不善酬应，见之者几疑其为幽静闲雅之闺阃淑媛。然其待人接物，却事事诚挚，在在谦和，有若无，实若虚，先生有焉。且性殊敏悟，才思不群，下笔为文，洋洋千万言，一挥而就③。主本校讲席十余年，诸生备极推崇，先生登台授课，无不息心听受，虽在顽劣性成者，久之亦心悦诚服，乐于请业。惜年才四十，以患鼻菌恶症而殁。夫人吴氏，为同邑吴松云先生爱女。病久不育，纳婢，产一子。

---

① 时杨维翰在无锡竢实学堂（现无锡连元街小学）任英语教习，嵇绍周在竢实学堂任国文教习。

② 1905年，嵇健鹤到东吴大学任教授，是无锡历史上第一个教授，是当时东吴大学最年轻的教授。

③ 嵇绍周学问渊博，文采斐然，有几件事值得补充。1903年，嵇绍周与妻弟吴荣鬯合译英国柯南·道尔侦探小说《四签名》，是福尔摩斯长篇侦探小说的首次中译。《1920年东吴年刊》登载的《东吴大学校歌》，是我国最早的大学校歌，其歌词就是嵇绍周所作，其词曰："葑溪之西，胥江之东，广厦百间重。凭栏四望，虎瞵金鸡，一例眼球笼。皇皇母校，共被光荣，羡我羽毛丰。同门兄弟，暮云春树，记取古吴东。天涯昆弟，一旦相逢，话旧故乡同。相期努力，敬教劝学，分校遍西东。东吴东吴，人中鸾凤，世界同推重。山负海涵，春华秋实，声教暨寰中。"足见其文采。

所可痛者，夫妇二人为时不及两月相继去世，临终又未曾一面。盖先生病时，夫人伴往沪江就医，寓至戚家。顾夫人本有夙疾，时作时止，至是复发，较前增重，因先返锡，权住医院乞诊。先生在沪，病益加剧，诸医束手，最后不得已，由其戚扶送，遄返里门。是时，彼夫妇二人，一则病在医院，一则病在家中。不料夫人在院竟至不起，家人恐伤先生之心，秘不以闻。故先生殁时，仅知夫人尚病在医院，而夫人殁时，亦只知先生在沪，当有疗治之方，尚不至于绝望也。死别生离，双方隔膜，黄泉相见，伤何如乎！遗孤甫三龄，幸有未嫁姊代为抚养，闻今已十二岁矣。噫！本校自黄、嵇两先生故后，悬此模范，以求继任之人，不料十年以来，屡进屡退，绝未再见有如两先生者。人才难得，今古同悲，两先生之不永其年，我东吴实大受影响。不识当局诸公，亦有鉴及此欤？兹检得先生既病之后遗余一书，刊录于后。阅是书者，当可知先生之病情矣。先生卒在民国八年之冬，至九年春，本校开追悼会，师生咸集，一致缄悲，同事薛君灌英，有《哭健鹤》新体诗一首，亦附载于后。

第四编：志师资

嵇绍周先生肖像，图录自《1922年东吴年刊》

允修吾师伟鉴：

久疏起居，思与时积。星期前得家书，知先生又以弟事故，崀诚到锡，云天高谊，将何以图报答也？弟自来申求医后，已近匝月，从中人一面就诊者，则自伯莲引荐之牛惠霖先生始；从西人一面就诊者，则自普仁院长李克洛推荐之喀兰浦先生始。两处未能看出此病真相，均不敢妄施刀圭。嗣后，由各西医转辗引荐，凡沪上名医之鼎鼎者，以十数见之，皆为束手。而弟之患处，则日趋险恶，而金钱之销耗，已不赀矣。再后，乃由某医生荐至中国红十字会，用X光镜疗治，似觉较有把握。在会主治者，为兰得胜、施列民两西医。而施氏则专司X光镜事，弟已于十日前照过一次，自鼻上经电光照过后，赘肉皆化作黄色水，流出鼻观，气息已较通利，惟左颔下一结核尚未照过耳。至用X光镜疗治，价值昂甚，每一次须费六十两，医金在外。据云，必须照过六次，方可收功，故弟当时颇觉为难。后幸施、兰两医生念弟现服役于东吴，为教会中所设，特别推爱，许作半价算，且每次疗费，不以两计，以元计，只须三十元一次。"东吴"二字之福我，至无穷矣。弟刻有求于先生者，即欲先生转语葛公，开口先为弟谢谢东吴、谢谢葛师，并乞葛公特为弟草一英文书，谢谢兰得胜、施列民两先生。信上大意只须言：嵇某为本大学国文教授已十余年，人尚勤慎，现患鼻症，赴贵会诊治，承两先生高谊，特别减轻疗治费，感甚。以后嵇某得两先生提挈，早庆安全，重来敝校服役，非但嵇某一人衔感，本校亦引领共望者也云云，足矣。盖得葛公一书，胜于十部从事，红会医生必能格外尽力，俾弟早脱苦海也。弟于三四日内，又须赴彼，为第二次之电光疗治。倘葛师书能早来，由弟携交，尤感。专布谨劜。

教安

弟嵇长康顿首
十一月二十号

健鹤先生挽歌

（九年二月十日作）

健鹤！
笔耕墨耨，
整整的十几年，可算是辛苦吃足。
见面偶谈昨晚事，
总是预备啊，批改啊，
余兴吟诗，
还粉书壁上供人读。

健鹤！
我与先生
整整的十几年，可算是共同工作。
见面去秋仅一次
后来请假了，就医了，
总说无妨，
记当时病起方开学。

健鹤！
你是有等身著作，我所心服。

你应该吉人天相，我所心祝。
你怎叫几个朋友，忍泪酸心。
你怎叫几个学生，失声而哭。
说你是书呆子，
怎你这呆子没呆子的福？

司马德先生于前清光绪二十九年（西历一千九百又三年）来华，至民国十年（西历一千九百二十一年）逝世。是年秋初，时疫流行，先生已被派为无锡四中校长。正在筹备时期，苏锡往来，月必四五次。九月十八晚，适由锡回苏，深夜病作，次日午后，即以医药罔效而殁，遗骸葬葑门外安乐园墓地。先生系体育专家，兼精算学。初至时，才为本校成立之第三年，诸事草创，体育事业之渐次，设备暨建造健身房，皆先生一手规划。且华东各大学之体育联合会、中日斐两次在华比赛之远东运动会，先生均为主要人物，多所擘划。由此名著一时。先生熟于华语，与华人谈话，非特普通语言极纯熟，即有特别方言，虽华人所不谙者，先生亦胥能领会。故事无大小，凡与华人交涉，绝无隔膜之处。先生既死，无锡四中遽受打击，至今尚无相当之人继任正式校长。子二、女一，长才十龄余，均甚幼稚也。先生殁后，夫人尚留华半载，摒挡既久，始挈其

司马德先生肖像,图录自《1922年东吴年刊》

子女回美。夫人性贤淑，返美之后，犹节省余资，汇寄来校，补助贫寒子弟之有志向学而无力者，藉以长留先生之纪念云。

明甫先生系孙校长仲子，昆弟三人，长兄留住祖国，仅以省亲来华一次。先生与弟慎甫，生长我华，十余岁时回祖国读书。毕业后，复连翩戾止①。慎甫入商界，先生则随侍乃翁，为本校英文教习，时在光绪二十八年，正西历一千九百又二年也。当此创始时代，校务进行，颇非易易，先生多所献替，乃翁得力不尠。至宣统三年（西历一千九百十一年），乃翁逝世后，先生就职美孚火油公司，改营商业，乃被派镇江分公司大班，贸易上力谋发展，该公司甚加倚重。旋我国革命军起，因缘转入政界。袁总统时代延为农商部顾问，从此外交事件，多由先生主持，袁总统颇信用之。且两人喜用智谋，甚形莫逆，当时有"老猾头用小猾头，猾头世界吪说头"之语。盖自是又脱去美国侨商，来作中朝政客。凡我国政争起落，省战纠纷，潮流所及，多有先生踪迹出没其间，报纸上时见有安迪生氏，即先生是也。故此间父执诸公，对之多有微词。迨江、浙事起，

---

① 戾止：回来，来到。语出《诗经·周颂·有瞽》："我客戾止，永观厥成。"

更人言藉藉，谓先生参预戎机，介绍外债。甲子冬，苏城正在危急之际，余于途中遇柏公乐文，立谈时事，乘间语公曰："外间颇有孙某暗助军阀之谣，公为父执，如肯致函劝阻，为釜底抽薪之计，我两省人民受赐多矣。"公踌躇半晌，操吴语答曰："写信是呒用个，倷拿一百万洋钿来，我去交拨俚，那末或者可以成功。"噫！先生非但美国人而中国化，抑且是中国之军阀化矣！民国十四年，罹猩红热，病殁于北京协和医院。是时夫人已先挈子女返美，想其临终时之凄楚情况，吾人辄为泫然。先生在校十年，除于校务多所劻赞外，尤热心采用新法，专教初级英文，因其生长我华，精于华语，初习英文者易于聆受，本校之驰声社会，先生实与有力焉。

四明史氏，素称望族。拜言先生，讳致锟。祖籍鄞县。有同母兄弟八人，先生行六。亦有丈夫子六人，最长与最幼，俱十余岁而殇，余则读书婚娶。向平之愿①尚未尽了，先生竟于民国十一年（西历一千九百二十二年）夏初病故于本校职次，而其太夫人则年逾九旬，至今无恙，精神完好，步履如常，洵人瑞也②。先生系博习书院头班毕业生，

---

① 向平之愿：子女婚嫁之事。典出《后汉书·逸民列传》："建武中，男女嫁既毕，敕断家事勿相关，当如我死也。"
② 史拜言之妻子李凤珠，为李子义长女、李仲覃（李政道祖父）长姐。

史拜言先生肖像，图录自《1922年东吴年刊》

潘慎文先生之入室弟子，故算学一门，造诣尤深。初为博习书院管学堂（当此旧教育时代，学校职员并无规定名称。教会所设学校最上者为监院，西人任之；其下聘一中国人管理全校事务者，曰管学堂）。光绪二十一年（西历一千八百九十五年），潘慎文先生调监上海中西书院，挈先生偕往，仍任前职，惟名称已易为总理矣。先生在中西书院十六年。此十六年中之校务改革，暨学级编制，多由先生规划，监院不过考成而已。且除管理一切事务外，以其精于算术也，凡高级算学课，悉令教授。先生不辞劳瘁，一力担承，故彼时尚在中年，容颜已渐苍老。至宣统三年（西历一千九百十一年），中西书院归并东吴，先生又由沪而苏。惟不与校务，专授算学，期以节劳静养。无奈心思过用，脑力已亏，卒至不永其年。惜哉！先生为人和蔼可亲，与人交，无城府，到处谦和，而尤笃于故旧。凡平昔亲信之人，无论交游、共事，或下至臧获①，久而弥亲，不闻有无故而弃绝者。老成敦厚，洵可称焉。

孙校长设学，所最注重者，我国之国学，前已一再言之矣。故本校在试办时期，即不吝厚币延聘海内名宿。前清光绪二十八年（西历一千九百又二年）春季学期，孙公礼聘余姚章炳麟枚叔先生教授国学，惜只一学期即解约而去。其故因先生系革命巨子，久为当道所忌，居留内地，事极危险，犹幸此间系外人团体，故能安居半载。是时，苏抚为鹿传霖，在暑假前来校拜谒与孙公，晤谈之下，即询及先生，指名索见。时先生已先两日去校，大约亦先得风声，是以效鸿飞之渺渺，而弋人卒无如之何也。先生在校时期短促，无甚特殊之表示。就吾人所窥见者，一则观其为校中所定国学课程，均属大部书籍，抑且部目繁赜，孙公谓："诚以此为学校必修科，虽至头童齿豁，亦无毕业

---

① 臧获：奴婢、仆人等。

之望。"岂果先生为天纵之资,其视淹贯博雅,人人皆类于己,故有此主张欤?一则观其平时举动,出门行路,无论雨淋日炙,行所无事,不肯张伞,不知何意。且当时剪发西装者极少,先生固不服西装,而发则早经剪去,尚留半尺许,披于两肩,又甚特别焉。

今日之学校,为我国前此未睹之创举,虽旧时亦有庠序、学校之设置,然究有其名,而无其实也。苏城创办学校,除教会所设,略具模形外,以唐家巷张云抟先生所办开智小学为最早。先生本前清名孝廉,与仲仁先生①为同胞昆弟。非仅仅以科举文见长者。是时虽新旧过渡,而动机犹隐而未显,惟先生有先见之明,故能为新学识之向导、教育界之先锋。前清光绪二十九年(西历一千九百又三年)秋季学期,时本校国学,仅有高、中、次三班,聘先生教授中班,任职仅一年,学生对之感情颇厚。同时黄鹂坊桥巷陈氏义庄亦以开办小学校,慕先生名,敦请主持。揽本寻源,苏城之有学校,固自先生始,然则先生实苏城教育

---

① 仲仁:张一鹏兄长张一麐字。张一麐(1867—1943),江苏吴县(今苏州)人,字仲仁,号公绂。早年在苏州倡设苏学会。光绪二十九年(1903),录取经济特科。武昌起义后,在苏州劝说江苏巡抚程德全脱离清朝独立。民国初年,曾入袁世凯幕,袁世凯死后遂隐退回苏州。张一麐一生热心苏州地方公益事业,带头捐款开办公共图书馆。抗日战争爆发后,在苏州开设医院,救护伤兵,收容难民,和李根源等倡议组织"老子军",鼓舞群众抗日士气。

界之开山祖也。

张秉生先生光彝，祖籍昆山，前清昆山县学廪膳生。寄居苏城已两世矣。乃翁某先达，有清末造，任上元县学训导。家学渊源，其来有自。先生本学古堂内课生。学古堂，在本城沧浪亭、可园。是时，科举未停，省城书院例由省中大宪延聘海内名宿为山长，月课士子。山长命题考课，为私课；各大宪轮流命题考课，为官课。前列诸生，私课期奖给膏火，官课则膏火之外，另奖花红，策励群士，造就英才。在当时，亦法至良、意至美也。而苏省则于紫阳、正谊两书院外，又有学古堂，其规制与书院略异。由大宪延聘古学名家为堂长，课以天文、地理、格致、算术，旁及诗古文辞，比之制举文章，较有实用。有时各大宪亦轮课之。有外课生、内课生之别。外课生与考书院无异，内课生则膳宿堂中，尤加优待，且内课生有定额，须有缺出，又须经官课录取，方能补充。前清光绪二十八年（西历一千九百又二年），本校延聘先生担任国文、国史等课，颇为诸生所推重。旋以明诏兴学，各地多有出私财以开办学校者，夫人倪安雅创办大同女学①，先生不得不从中襄

---

① 大同女学：张光彝及其夫人倪安雅于1906年在苏州书院巷创办的女子学校。《东方杂志》1907年第2卷《各省教育汇志》："（大同女学）经始于丙午（1906）春初，落成于秋首，于八月十一日开校。"

助,故不久即脱离本校而去。先生与余交最莫逆,而回溯半生,如先生学问、文章以及社会事业,余均觉望尘不及。惟记有一事,差堪自夸。当二十二年前,我两人曾合资购一自由车,共同学习,余之进步较速,不识先生其肯拜下风否?

陈午钦先生廷铨,系吴中世家,与前清南省解元陈麟书孝廉为从堂昆弟。清末乡、会已停,犹留优拔考试,为不及进学校者暂时开一出路。先生曾录取优贡,并经朝考,虽系末代科名,十年辛苦,聊堪自慰。民国初元,先生初

朱稼秋先生肖像,图录自《1922年东吴年刊》

主本校讲席，继受岭南大学之聘，移砚广州者，两阅寒暑，彼此暌违，深感离索。北旋后，旧雨重逢。因忆光绪丁酉年，余偕长老会西人戴维思先生有汕头之行，彼处离潮州只百余里，为韩江入海之处，江以北多平地，江以南多山岭，登临之外，别无韵事可寻。想到五羊城畔，定别有一番盛况，颇以未一至广州为憾。故见面即叩以"两载羁留，有何记述"。先生出《南游草》一帙，讽诵再三，珠江风月，如在目前。本校同事朱稼秋先生①有和诗两绝，余亦步其原韵云："韩江一渡已多年，尚想朝云与暮烟。那有珠江风月好，袖中诗卷让公编。""廿年吴下擅文词，今日南游又赋诗。多少羊城名利客，有谁清兴寄兰支？"

---

① 朱稼秋，江苏吴县（今苏州）人，晚清廪贡生，受聘于东吴大学，教授中国哲学。

第五编：志生徒

东吴诞生之日，为前清光绪二十七年（西历一千九百又一年）旧历二月初一日。是日开校实到之生，共有四十五人，此为本校开辟时代之人才，兹为全数录出。并查四十五人中，其后毕业大学课程，给予文凭、学位者有陈海澄、尢怀皋、奚柏寿、李骏惠四人；毕业医学课程，给予文凭、学位者有富绍卿、陈蓉孙、沈嘉平三人；毕业中学课程者有潘绶卿、蒋国勋、沈仙彭、张菊泉、袁叔平、杨葆龄、周克家、卫寅生八人；而袁仲云、潘荣生、富振卿、丁仲祜、谢利恒、杨仰盘、杨朴人、杨右人、沈仙鹤、顾松生、殷龙生、周叔人、赵澄怀、赵仲敏、朱鹓青、李慕驹、李慕陶、江锡龄、盛霞初、顾起凤、沈寿康、朱德保、杨桔生、黄钧铸、陈润生、黄东屏、徐季文、程叔良、郭慎之、谢兰坡等三十人，则有仅一学年者，有仅两学年者，或则改就别业，或则转学他校，然均属我东吴同学会中之起家老前辈云。

有卫某者，性行诚朴，闾里著"卫好人"之称。中年后，生一子，以适在寅年，因名之曰寅生。其家住景海女学后，隔河密迩孙校长住宅。童年嬉戏，恒往来于孙夫人前，夫人喜其幼慧，甚钟爱之，若预知其他日必蔚成令器也。及东吴开办，力劝寅生父母送入肄业，且于校长前竭力煦拂之。寅生入校后，资秉既高，又能刻励勤勉，故所学成绩甚优。惟卫某年事既高,家境尤非宽裕,寅生才中学毕业,即命中止读书入社会,以求谋位置。时孙校长仲子明甫除任校中教授外,兼充永年人寿保险公司驻苏经理,因即以代理之职畀之。既而明甫脱离东吴,改就镇江美孚火油公司大班,又挈之偕往,赞助一切,颇得其力。盖寅生赋性聪颖,凡事一经指示,无不头头是道,故所至受人欢迎。忆是时,余曾因事诣京江,与明甫接洽,归后,寅生致一函,洋洋数百言,写作俱佳。计出校历时未久,已令人刮目相看,殊堪惊喜。厥后,明甫入我国政界,为农商部顾问,又挈之北上,介绍入财政部,初为试用司员,年余即升佥事。寅生有三长,为他人所不及:其一,耐劳。部中办公定章,虽各有应负之责,顾其他司员,或以饮博、狎邪为正事,应办公件,均委寅生一人代劳,而彼则一力担承,丝毫不苟。其一,有恒。时间问题,我国人素不注重,各司员到部,均极自由。寅生则准时而到,准时而去,无风雨寒暑,始终不贰。其一,镇定。我人处事,每值变端猝至,举措未免惊惶。生则无论若何,利害当前,急来缓受,一以镇定处之。谚云:"船到桥,直苗苗。"寅生却常抱此态度也。有此三长,故深得同部各司员之见好,总、次长之倚重。且经办外人交涉事件,有时总、次长尚不能取信,必得卫某一言,方为准的。由是而公债司长,由是而全国烟酒局长，凡他人所百计营求而不得者，彼则不劳而获矣。

晚清末造，两江总督端方招考赴美游学生，奏准官费资遣。盖端本满人中之皎皎者，平素自负通才，此举又意在延揽俊乂也。学生杨葆龄，松江金山人，随其尊人旅苏，就近在本校肄业。时本校各班年级虽尚未确定，而杨生则向学较早，盖自宫巷中西书院转学而来者，英文程度颇有根柢，闻此机会，亦往投考。迨揭晓，正取十名，备取三名，正取生准即给资派遣，备取生须正取或有缺出，方可挨次抵补。生列备取第二名，望正取缺出固难，即有缺出，尤须两人，方能挨到，此实难于希望之事，亦已置之度外矣。不意正取中有无锡籍肄业北洋大学之二生在焉。北洋大学系官款所办，每生每年统计学、膳费，连各种科学之书籍、用品、试验消耗及津贴等，约计须银币八百元，恐有半途而废之弊，校章规定，如不俟毕业，半途中止，该生须遵照公家所费，如数清偿。是时，二生回南投考，系由其家属托言亲病，急电促回，且投考时名字业经更换，方谓可以无事矣。不料旋被北洋当局察知，即发电江督，声明缘由，必将北洋问题先行解决，方可自由。二生不得已，竭力求摆脱北洋拘束，但一人已肄业三年，一亦二年有半，遵缴官费，为数甚巨，力有未逮，只得仍返北洋。

至是，正取既开两缺，照章备取前二名挨补，生乃恰如地位。一转瞬而东渡太平洋，毕业以归，即入全国水利局供职。十余年来，宦囊稍裕，集成四千金，交托本校，为有志无力者平借助学，以成先人之志。《诗》曰："孝子不匮，永锡尔类。"其杨生之谓乎！

本校开办第一年，四十五人中有殷生焉。年龄尚稚，而体质坚实，性情尤特别，喜任意径行，事为彼所不欲为，虽百般策励，终亦漠焉置之。读书亦然。在其志不属时，无论若何督促，彼则呆若木鸡，略不为动。如在注意时，师友纵不相过问，亦能自加研习。故不知其性者，往往见前后如出两人也。犹忆殷生之学踏自由车也，程度尚浅，一无把握。一日，时已向晚，天适下雨，泥地泞滑，旋踏旋跌，旋跌旋踏，虽同学在旁呼阻，置若罔闻。迨至兴尽而返，已浑身泥污，宛若一尊泥塑菩萨。此似富于冒险性也。彼时林堂尚未落成，权以博习书院监院住宅为课室，楼下左、右两室授西文，楼上左、右两室授中文。某日午餐后，有富生者先携其课本，在楼上课室独自温习，而殷生后至，戏由居中一室通气楼之小门挨入，气楼内黑暗无光，生竟信步而前，任其所至。而富生所坐处之上端平顶，约有二三尺见方，系另行附合，不甚坚固，表面粉刷平整，毫无痕迹可见。生在气楼暗中走动，适经其处，忽然脱落，全身及附合之平顶,同时坠下,紧落富生近身。富生目本短视,又在用心研究之际,只觉有物从空而下,莫名其故,大声呼叫。众人毕集,抚掌大笑,富生尚惊惶未定也。此又近于好奇心矣。生既具此特别性情,如能纳入正轨,对于各种学业上有长时间之研究,后来结果,安知不有特别之成就?惜乎!膏粱文绣,富贵误人,急欲享受公子福,良可惜已。

我国古礼:男女联姻,两家说话,都由媒介人传达,孟子所谓"媒妁之言"也。如或男女宅发生争执,亦由媒人当其冲,非但诟詈,且有挥拳者,俗谓之"打媒酱"。本校高才生奚柏寿,素为孙校长所钟爱。是时,文明结婚尚在萌芽,奚生与陈盈卿牧师次女公子有婚姻之约,欲循旧礼,请余作媒,且由女宅指名相邀,未便推却。惟孙校长对于陈牧师素有不满之处,今任平日钟爱之生与素所不满者联为姻好,未免不惬于怀,因示意于余,彼等姻事,最好不之过问。因是,余即相机自退,另荐一人。对于彼等姻事,仍无阻碍;对于校长示意,亦得顾全,方自谓两面俱到也。爰拟饰词请代亲诣陈宅接洽,不意一言未毕,陈即大怒,见势不佳,返身欲出,陈竟闭门不放,搥台击桌,经一刻钟之久。措词大意,完全对孙校长而发。余俟其语毕,乃用极和平之语而告之曰:"凡此不平之处,固莫怪先生盛怒,但先生应往孙先生处发挥,晚生徐某,先生误认矣。"一笑而出,然一顿闭门媒酱,吃得饱之又饱矣!

宣统元年(西历一千九百又八年)春季学期,有高姓生,浙之湖州人,乃翁为该处富室,以独子,钟爱殊甚,不令远离。惟生之岳翁陆姓,则为显宦,不肯任其婿为没字碑[①],必使入校求学。遂于是年负笈来苏,肄业本校。生虽膏粱子弟,读书尚有进境。时适四月下旬,其宿舍在朝西下排南首,约三十六七号。星期六晚,因前一夕似有窃贼在其窗外伺探,私向同学某借得手枪,装纳子弹,置床头席下。盖备此安心丸,欲以饷惠顾之梁上君子也。不料酣然一梦醒来,已日上三竿,顾因星期无课,不必急起,陡忆昨宵手枪,取而把玩,乃一不措意,机关触动,枪口适对右肩膊。隔舍生忽闻砰然一声,急趋入视,瞥见生在地板上旋滚,满身血污,即大声疾呼,邻舍毕集,然皆无从措手,不得急救之法。幸孙校长幼子大卫亦闻声而来,即抱置于床,急寻创口所在,用手帕抵塞,以止其血之喷出,并亟延医士至,如法施用手术,更通电告知其家属,家属至,主张即日领回。经医士及本校当局再三劝阻,不

---

① 没字碑:徒有外表而没有文化的人。典出《旧五代史·唐书·列传十·崔协传》:"如崔协者,少识文字,时人谓之'没字碑'。"《新五代史·杂传第三十六·安叔千》:"叔千状貌堂堂,而不通文字,所为鄙陋,人谓之'没字碑'。"

宜移动，并许其家人与生同住一室，自由看护。两三日后，现象安和，已料其不至有何危险。惟子弹未经取出，屡用手术窥探，究不知在何处，未敢冒昧从事。后以弹在肩膊厚肉之内，即不取出，谅亦无所妨害，遂决定不取，而果也日见痊可。两星期后，已平复。余于此事而写有感矣。当邻舍诸生之闻声而集也，只见张皇失措，初无一人能念及出血不可过多，盖几分钟之间，血若出完，虽华佗再生，亦难为力。及乎大卫既至，乃能临变不惊，胸有成竹，抱之上床，止其出血，救生命于顷刻之间。我不敢谓中国少年之智力，果出于西国少年下也，但卫生常识，素不注意，而临时急救，尤非所习，故不能见义勇为耳。

吴江周生赓唐，于民国十一年本校暑假时，校中青年会举其为夏令青年会，赴杭出席代表，公毕回苏。抵苏时，适乃翁孚先生亦因公在苏，同舟而归，天伦之乐，良足多焉。盖苏州距离吴江不远，每日有小轮往来，交通便利。舟行约半程，天气酷热，生因往外纳凉，走出舱门，见船旁有矮凳，即据以闲坐，举目前瞩，背倚棚板，以为安稳之至矣。不料生所坐处，当船之右舷，而船适向左转，轮机力猛，倏忽旋折，仓猝之间，人被一掀，抛入中流。舟人急停轮援救，则已随三闾大夫去矣。周氏累世单传，至生又系兼祧，上有重慈，下有少妇，骤闻凶耗，其悲痛为何如耶！尤难堪者，乃翁同伴在船，有此疏忽，我虽不杀伯仁，而坐视其子之溺，不能援之以手，此实椎心痛哭而悔之不及者也。闻抵家时，夫人以其不能保护爱子，屡欲与所天①并命。亲戚故旧之劝慰者，咸谓"生死大数"。然此"生死大数"一语，只可用以劝慰悲伤之人，实非确论。假使生不出舱门，或出舱门而惧防之，亦何至于死。人谓"只有错死，不有错生"，此语庶几近之。生殁两月后，本校同学为开追悼会，各师长、各同学所挽诗文、联语甚多，余亦代文校长作一联云："可怜碧水无情，竟与楚左徒同沉终古；果是玉楼待记，应偕李长吉并话千秋。"

宣统元年（西历一千九百又九年），教授英文兼拉丁文之戈壁先生，貌诚笃，性平易。以来华未久，华语不甚娴悉，然如我侪日与相接之人，尚可勉强接谈。其英文原名是即动物中之骆驼，以骆驼生长沙漠之中，故中文即译其名为戈壁，而字以瀚海。某生素佻挞，初知此意，即戏以骆驼呼之，致有多人和之者。（其实本名如是，某生以戏谑出之，闻者认为讽刺，遂亦相率效尤。）日者，戈因莫名其妙，而问于余曰："六度②两字何意？"余沉思半晌，不识

---

① 所天：旧时代对所依靠之人的代称，这里是指丈夫。
② 六度：吴语"骆驼"之读音。

其所以，迨反复详询，方知即"骆驼"二字。余即直告之，并言该生等不过戏道其真，并无他意。彼因笑置之。厥后，虽仍有所闻，彼却视若无事。久之，亦不再有闻矣。古语云："见怪不怪，自然无怪。"此等戏谑隐语，施诸西国教员者，尚不多见，而本国教员，则几无一人获免。余尝语诸同事曰："苟无明白显著之字面，虽语涉讥讽，只宜付之不闻不问，久必自然消灭。若计较追究，则非独示人以不广，抑且徒滋纠纷，而侮慢益甚焉。"

前清光绪二十九年（西历一千九百又三年）春季学期，有某先生者，本地人，家住因果巷，新聘到校，教授中班生。盖是时国文课仅分高、中、次三班，中班生最难管理。时交初夏，天气渐热。一日，某先生在课堂内解所御马褂悬于座后椸枷。及休息走出，有某生戏摸其马褂袋，发现小纸包一，内裹烟泡六七枚，盖某先生本有鸦片癖，携此以备过瘾者。时学生虽心非之，仍置原处。旋某先生返室授课，诸生亦并未稍露声色，某先生亦不知学生之已发其覆也。次日，适值作文之期，内有某生甚黠，题虽照写，而文中议论，都系痛骂吸烟人。某先生阅之，大为不怿，即将此文加批发还。批语中有"狂吠"二字，于是全班大哗，谓："某生以文字骂吃烟人，与先生何涉？即谓文不对题，只须责以重作，而竟斥之为疯狗咬人，岂非怪事？且先生既视我侪学生为疯狗，先生何苦不自爱，而来为狗教习？请先生明白答复。"此事遂一发而不能收。最后某先生不得不用三十六着中之顶上一着，始获无事焉。

前清光绪三十年（西历一千九百又四年），国文分级仍未大定，向来以中班生为最难管理，不图又蔓延于他班。是时，有新聘教员黄某者，其人性本谦冲。初到课时，对于诸生尤为和蔼，不料反为学生所戏侮，甚至面询先生尊姓是否草头或三划，在昆仲行中是否第八。问时故作庄重之态，而全班诸人却哈哈大笑。盖隐以忘八先生呼之也。事由提调报告于校长孙公，大怒，查系某二生所为，即将二生开除示儆。当时清廷已裁学政，改设提学使，驻节苏城。孙公特函致提学樊公，请其整顿学生浇薄之风。函中大意谓：敝校学生某某二人，因其有侮辱师长行为，业已除名，倘又转学官校，请尊处留心察看，设法惩儆，俾知悔改。又谓：敝校学生，对于西国教习，无不帖然就范者，乃对于本国教习，小则戏谑，大则侮辱，时有龃龉，此种心理，实所不解。若不力加整饬，长此以往，将寖失其独立自尊之国民性。故本校务必矫正此恶习云。

第六编：志琐言

徐楚亭先生，四明世族，早年入泮，旋贡成均，学问文章，士林推重。书法眉山①，尤得其神髓。晚年主课海上格致书院，门下士成材尤盛。享年八十有八。先是，余与先生共事于中西书院也，同室卧起，晨夕晤言，获益匪浅。时先生年逾七旬，精神矍铄，步履轻健。而其特殊之点，尤在以七十余老翁，性情风度，宛然二十余和蔼少年，处处令人可爱、可亲，绝无老迈憎人之态。窥其修养之方，则在"清心、寡欲、节食、不恼怒"九字。享此大年，非偶然也。前清宣统纪元，先生年届八旬，适值重游泮宫，哲嗣挺斋先生、令孙生棠同学为征诗上寿。一时亲族世好、故旧门生，均有庆祝篇什。称觞之日，满目琳琅，先生乐甚，既装成屏幅、册页，且录付手民，刊印成帙，颜曰《绿满庐寿言》。兹录先生自咏《弁言》五排一章，其辞云："人寿能几何？光阴八秩过。纵然深阅历，未得补蹉跎。薄植劳夸奖，新诗藉切磋。忝居一日长，赢得百篇多。遍读联珠句，如闻击节歌。赠言逾缟纻，问讯邈山河。文字缘重订，知交谊不磨。会当寿梨枣，相共助吟哦。"东吴诸同事亦各有祝嘏之作，特附录之黄摩西先生七古云："周窗绿意涌新诗，杖履风流卷里知。华阀麟文原有种，英年犀角

---

① 眉山：指宋代大文豪、大书法家苏轼，四川眉山人，故称眉山先生。

已呈奇。青箱家学生无忝，素履贞行道不歧。换骨适符丹瑑梦，束修能赡白华资。德星象应贤豪聚，爱日情垂子弟规。夷夏文明消畛域，河汾教育际昌期。但看荆宝充庭盛，足洒兰筋伏枥悲。卿月常悬天瀣朗，豫章宁逐雪霜衰。箕裘累叶贻谋远，骚雅三朝只手持。白发谈经诚国瑞，玄亭载酒亦家儿。平生化雨成肤寸，定卜登云摘领髭。愧我才如舟上水，闻公名似疾求医。恰欣称觥逢新历，傥兆非熊作帝师。泮水芹香春信转，挎桑荫大夕阳迟。私心遥晋华封祝，劣手难参桥叟棋。诗积东瀛筹满屋，驾鳌来和上云词。"嵇绍周先生七律云："新皇告庙礼玄亭，岳降崧生共効灵。一代文宗乡祭酒，五朝通德汉明经。东瀛丹诀传先世，北地春秋问使星。泮水觥教游百度，大椿合祝八千龄。"薛灌英先生七律云："大德由来享大年，天教陆地作神仙。门墙共沐菁莪化，泮壁重联芹藻缘。日暖芝兰辉寿宇，春生杖履入经筵。新皇行劝申公驾，许否安车我执鞭？"吴瞿安先生七律云："油车载酒子云亭，老去工诗见性灵。南岳人才齐问字，西河家学艳传经。上元甲子春秋历，寿世文章福德星。重向黉宫留古藻，愿斟醽醁祝遐龄。"张子惠先生七律云："岿然鲁殿峙苍冥，此老由来得地灵。寿世新吟满庐绿，穷经壮岁一灯青。群英撰杖重游泮，四代称觞合绕庭。天子冲龄初践祚，固宜瑞应老人星。"余亦有七律两首,其一云:"养生秘诀有谁参?八十年来妙独探。玉树芝兰辉宇下,春风桃李艳江南。蓬庐绿满诗生色,海屋筹添酒益酣。倘得非熊重入梦,后车同载合停骖。"其二云:"既垂青眼又忘年,廿载论交谊益坚。坡老书名流海国,汾阳福泽占林泉。三朝杖履春台上,两度衣冠泮水前。东海家声叨末裔,月明来醉幔亭筵。"手录既竟,追思十余年来,黄、嵇两公早已作古,吴、张两先生则离校已久,只剩灌英先生,星霜廿载,依然晨夕追随。倘亦所谓"人事不常",而生死聚散之久暂,莫非由于前定耶!

在此移席中西时,余蹉跎岁月,甫逾三十,颇有研习英文之志。又承谢鸿赟先生力劝。于是,同事石云汀、俞渭吟诸君,即一致联合请谢先生酌定时间,每日于公余之暇,授课一小时。始初颇有进境,继因脑力退化,且本系科举中人,国家科举未停,终不能无万一希望,盖以为廿年攻苦,不肯轻弃。由是一身两役,卒至两败无成。至今思之,殊深悔恨。可见人之用心宜专,不宜分,世之朝三暮四、兼营并务者,可以鉴焉。

是时,海上各报盛行征联,定期揭晓,优给奖品,未始非文人韵事也。某报载出联云:"万年春,万象春,万家春,四海一家(五个番菜馆),看遍春江春色。"首名赠奖值洋二十元之时钟一架及名人笺对等。余课余无事,细阅上联,应注意者有两"家"字,及末句之两"春"字。但两"家"字虽容易滑过,而字同一义,只须还其两个同字而已;两"春"字,上一字是正解,下一字是别解,下联两字亦须如此,方见工允。因思用县名,而得"县令县书"四字,下"县"字是平声,作悬挂解,与上联四字并列,颇觉铢两悉称,即将数目字之县名,撰成下联云:"三台县,三原县,三水县,五河合水,传来县令县书。"揭晓,果得首奖。旋又有以"水月电灯"四字征对者,此四字虽全是实字,颇有分别注意之处。开首二字,连缀上一字属地理,下一字属天文,连下第三字,谓"水月之电",四字相连,是一物之名词。此种电料,当时初行,拈此征对,实应时意也。就各种名物推想,并无现成名词,可以相配。后忆《汉书》苏武牧羊海上,常卧起雪窖中,有"冰天雪窖"四字,开首二字连缀,亦是上一字属地理,下一字属天文,连下第三字,亦谓"冰天之雪",四字相连,亦是一物之名词。自觉极其工允,无如对此四字者。有两卷奖品已被捷足者先得,有人谓此实报馆中狡狯欺人,不知究竟如何。夫属对虽文学家小技,然欲求其工允,颇费斟酌也。

鬼神之说,儒者所不道。然天地间怪怪奇奇,何所不有？我人耳未得闻，目未得见，斯不能妄事推测耳。至若怪怪奇奇之果有触于耳，而接于目者，虽未能确指为鬼、确指为神，亦不得不疑其为鬼、为神也。前清光绪末年，本校厨役华阿二者，无锡荡口人。长子阿根，次子瑞宝，父子三人戮力工作。且校中规例，惟厨役可挈眷自随，合家男女同在一处。谚云"父子同心土变金"，亦一有幸福之家庭也。不意是年冬，其长子阿根忽神经错乱，态度失常，语言举动竟若另易一人。初起时，即仇视其妻，继而屡有杀害之意。家人知之，日夜提防刀剪之类，用后即藏匿隐处。但庖人割鸡宰肉，在在需刀，实苦藏不胜藏。一夕，提防稍疏，彼即乘人不备，窃取厨刀，俟至夜深人静，忽向其妻头上猛砍。幸在头角偏侧，虽深入顶盖寸许，而脑筋未伤。当夜送入医院，得以无事。嗣后，彼以其妻为已死也，即蓄意自杀。未几，又乘闲窃取杀羊尖刀，自向项部攒刺而毙。论者谓是癫痫使然，失却本来知觉。然仅失本来知觉，何以必欲杀人？且何以不杀他人，必先杀其妻，而后自杀欤？察当时语言之间，确为另一人口气，不过语多不经，无可捉摸耳。惟此人年近三十，平时忠厚至诚，并未闻有与人仇杀之事，如此结局，实所不解。余本不信有鬼神之说者，观于此事，又觉不能无疑焉。

前在博习书院时，本城长老会牧师戴维思先生偕同广州、香港两处西人，乘暑假期内集中汕头，翻译《圣经》。惟戴牧虽系二十年老中国，对于我国文词，究不明白，故必延请中国人协同商酌。余以假中无事，被邀而往，以六礼拜为期。在上海百老汇路外滩怡和码头上船，戴牧买一藤椅，置诸舱面，以备坐憩。讵戴牧本有晕船之病，船出吴淞，略一颠簸，即站脚不住，只得效孔明先生，往南阳高卧。是时，余亦惴惴，恐或同病相怜。先到舱面伫立，以望远景，冀可幸免。旋见戴牧之椅，即据以坐之，身体似较安稳。且船向右侧，我身略偏左，船向左侧，我身略偏右，以趁平之，如是半小时，始初似觉有些不畅者，至是已不觉矣。一小时后，或立或走，处处都用此法，船虽颠簸，我之身体却不被其颠簸，胸有成竹，几几乎习惯自然矣。环顾同船之客，有倒卧而不能起者，有呕吐而不肯卧者，多现不豫之色。惟天下事有一利必有一弊。余以脱去晕船之苦，平安无事，饱食终日，且每餐与买办、账房同桌，嘉肴罗列，食量较平时反健。到汕后三四天内，便结不解，有似病非病、莫可告语之苦。及大泻两次，方始舒服焉。余于此役得两种经验：（一）出门乘船，遇船身颠簸时，人身切不可任其颠簸，须自己镇定，眼向远望，可免晕船之苦。此法须留心于开始时，若业已晕过，则无效也。（二）人在局促之地，不能照常运动，消化力不能尽量，消化饮食亦不宜尽量，可免食滞之病。出门人不可不知也。汕头为韩江入海之口，离潮州二百里。三十年前，通商伊始，轮舶虽有往来，马路、商场均未建筑。记得当时海关设立，不过三四年，邮政只通行半年，而教会事业似觉略久。教会中有一事与本地不同者，礼拜堂内，男左女右，固然各自分坐，而中间又用蓝布长幕，以隔别之。做礼拜时，男女两边各不相见，南人礼教之严，有如此者。

西医行于中国内地，今已三四十年。初到时，人皆不敢尝试，至近年，则各省多有。非但西国人直接行医，而中国人之就学于国内、国外，以自行其道者，亦比比皆是。但其治疗之术，内症似无甚效验，外症、割症确较中医为优。且西来药品，亦有数种较中药为有效；而医者之心思、手术，尤较中医灵敏。记得十七八年前，博习医院有狄医生者，由美来华，藉行医以游历中土。驻华一年，旋即回去。此人性情敦厚，对于医道，颇能匠心独运，生面别开。时本城甫桥西街顾伯平之弟顾某，一日晚餐，苏人习惯晚餐多用泡粥（将已熟之饭，加水重煮，略似稀饭而不粘泞），食时略急，未曾留心有寸许之细竹丝，似乎洗箒丝芒者，一同咽下，梗在喉间，不进不出，呼吸为其阻断。（俗语云："天不怕，地不怕，只怕喉咙头筑坝。"）诸医束手，深夜送入医院，狄医一看，口内已推白液，死在顷刻。用手术探视喉间,不见有何阻梗之物,无从下手。救急之法,必先通其呼吸,方有一线希望。乃独出心裁,在其项间气管外皮开一小孔,直穿气管膜骨,嵌以小银管如鹅毛管者,令气管之气直接外通。果然顷刻之间,即由此孔以通呼吸,病人暂留院中,一宵无事。惟呼吸虽通,以发声机漏泄,不能出话,且粒米不能下咽。始初令其试咽茶水,至茶水可咽,试咽米浆,至米浆可咽,即令其咽薄粥,半月之后,饮食如常,而梗塞之物,不知究在何处,本人亦不自觉其物之所在。但业既无害,不妨听之,先试将所穿小孔贴以橡皮,令其呼吸归原。初贴几次,极其不惯,几分钟即须揭去,旋揭旋贴。屡试之后,略可耐久,屡耐屡久,渐至可以不揭,然后用药将此小孔结好。噫!生死人而肉白骨,狄医其不愧此语也。

再有一割症,约在十年以前。苏迈尔医生①为博习医院割症主任,苏医以割症专长,颇有研究,且已屡著成效矣。余妹适常熟翁氏,其妯娌行患奶疖,亦曰奶癣,已十有五年,根盘巨大,蔓延已至腋下。历年来名医屡更,均未奏效,咸谓此症若至溃裂,即有生命之虞。且久治不愈,身

---

① 苏迈尔,美国人,医学博士。在苏州博习医院任外科医生,医术精湛。1911年,在博习医院创办苏州护士学校。1917年,苏州博习医院创始人柏乐文辞去院长职务,苏迈尔继任院长。

体亦渐虚弱。时由余妹伴同来苏,介绍到院,苏医看后,一力担任,谓可除根,保无后患。嘱在院静养三天,即行奏刀。一星期后,果真平复如旧。不到半月,即出院回常。迄今并未复发,身体亦颇安健。上述两事,余所亲见,并录之,以告世之同患是病者。

学校闹风潮,近年已成习惯。其实不过各有顾虑,以至主张别出,闹些意见而已。盖所争大体是则是,非则非,是者保持之,非者牺牲之,不难解决也。苟羼一意见于其间以阻梗之,则挺而走险,必至感情破裂而后已。我校开办二十余年,有两次风潮,实大伤感情。一系民国八年,为"五四"爱国运动,学生与校监发生误会而起;一系民国十二年,学生与体育指导员发生冲突而起。两次事实,当时有宣言、有通告,外人多有能道之者,且事已过去,绝无复述之必要,故略而不赘也。

林堂前大炮两尊,安设炮台,炮口外向,俨有防御敌人之意,故凡外客之不知底细者,见之多生误会。记得七八年前,有一乡友到校访余,一见此物,即讶曰:"学校非军营之地,何用此物?意者前清时,各处多有仇教案发生,此或当时备以威吓乡人乎?"余笑应之曰:"非也。西人好以古物为陈设品。此两炮系发匪平后,抛弃于城垣之上,数十年无人过问。本校怜其大器埋湮,特向当道要求移置

林堂前之大炮，图录自《1922年东吴年刊》

校中，以壮观瞻，并无别意也。"客亦笑含之。今按：此两炮一在葑门南城角，一在娄门附近城坝内。前于民国纪元，程德全①任苏督时，蒙给本校，专供陈设，不作别用者，有

---

① 程德全（1860—1930），字纯如，号雪楼、本良，四川云阳（今属重庆）人。宣统二年（1910），调任苏州担任江苏巡抚，参与预备立宪。辛亥革命起，程德全在苏州宣布江苏脱离清王朝独立，被推为都督。南京临时政府成立后，孙中山任命他为内务部总长，曾与章太炎等先后组织中华民国联合会、统一党、共和党等。后皈依出家。

案可稽。故齐燮元①督苏时，知校中保有是物，欲来取去，先遣人到校致意，本校即向来人说明前情，彼即无言而去云。

光绪三十年（西历一千九百又四年），孙校长以本校仪式上之布置，略有就绪，急应厘订各科学课本。而西学课本尽可择优取用，惟国学方面，既一向未有学校之设立，何来合式课本？不得不自谋编著。因商之黄摩西先生，请其担承编辑主任，别延嵇绍周、吴瞿安两先生，分任其事②。一面将国学课择要编著，一面即用誊写版油印，随编

---

① 齐燮元（1879—1946），字抚万，直隶宁河（今天津宁河）人。光绪年间秀才，后考入北洋武备学堂。曾任江苏督军、苏皖赣巡阅使等职。民国时，为直系军阀的代表。抗日战争中沦为汉奸，抗战胜利后被处决。

② 《中国文学史》系黄人"自己手笔"和"惬心"之论，其间虽有嵇绍周、吴梅等人助其成，然亦当视为黄人之著作，笔者在《中国文学史》整理本（苏州大学出版社2015年版）的《前言》中言之甚明，不赘。然有几则史料可资备考，录于下。范烟桥《茶烟歇》中写道："《中国文学史》，积稿盈尺……一九一三年黄卒，无锡嵇健鹤继之……且汉以后部分则由嵇健鹤、吴瞿庵、金叔远编纂。"钱仲联《梦苕庵诗话》："金丈叔远鹤冲曩在东吴大学，与摩西为同事，且同乡，交尤契。丈告余：《中国文学史》一书，非摩西一人之作。属于古代者，出摩西手。汉以后则他人所续也。摩西性极懒，作字尤谲诡类虫书鸟篆，人不能识。《文学史》一书，当时逐日编纂，用为校中讲义，往往午后需用，而午前尚未编就，则口衔烟筒，起腹稿，口授金丈，代为笔录。录就后，略一过目，无误漏，则缮写员持去付印矣。"吴梅《奢摩他室曲话自序》："又得黄君摩西相指示，而所学益进。故余与词曲之道，虽不能至，而此中甘苦险夷，皆备尝之矣。养纯导于先，摩西成于后，是二人者，皆大有造于我者也。"吴梅《清人杂剧二集序》："往与亡友黄君摩西，泛论明清两朝文学，造诣各有浅深，皆有因而无创。摩西谓明人制艺、传奇，清之试帖诗，皆空前之作。余深韪其言。"

随课。故编辑之外，又招写手四五人，逐日写印。如是者三年，约计所费已达银元五六千，所编《东亚文化史》《中国文学史》《中国哲学史》等五六种。孙校长以此事着手业经三年，理应择要付印，因由黄先生先将《文学史》整理一过。此书系其自己手笔，《开头》《总论》《分论》《略论》，洋洋数百万言，均系惬心之作，以下亦门分派别，结构谨严，惟发抄各家程式文时，致涉繁泛，书虽出版，不合校课之用。正欲修改重印，先生遽归道山，遂致延搁多年。今春，有王均卿先生（系黄先生之老友，在中华书局任编辑者）愿负修改之责，完成合式之本，付诸铅印，不日即可出版矣。窃谓孙校长以一西国人，不急急于西学之课，而惟不吝巨资编著国学课本，欲保存我国国粹也，其心不显然可见乎！

中国第一部文学史著作——黄人《中国文学史》

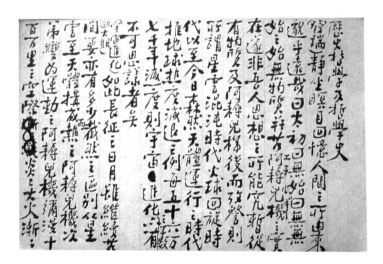

黄人《中国哲学史》手稿,黄人曾孙黄钧达先生提供

而得此小册子，已足考镜东吴过去历史而有余。